내 표정이 그렇게
안 좋은가요?

내 표정이 그렇게 안 좋은가요?

1판 1쇄 인쇄 2018년 11월 15일
1판 1쇄 발행 2018년 11월 20일

지은이 허윤숙
펴낸이 이윤규

펴낸곳 유아이북스
출판등록 2012년 4월 2일
주소 서울시 용산구 효창원로 64길 6
전화 (02) 704-2521
팩스 (02) 715-3536
이메일 uibooks@uibooks.co.kr

ISBN 979-11-6322-011-4 03190
값 13,800원

내 표정이 그렇게
안 좋은가요?

허윤숙 지음

66
표정 하나 바꿨을 뿐인데…
나를 바라보는 시선을 바꾸자
세상이 변했다
99

유아이북스
For The Ultimate Information

카페에 앉아 젊은이들이 이야기하는 소릴 엿듣게 되었다. 20대 중반 정도 되어 보이는 남녀 젊은이들이 주고받는 말들은 한국 청년들의 현주소를 나타내고 있었다.

"너 제대했지? 이제 뭐 할 거야?"

"응, 잘 모르겠어. 너는?"

"작년부터 공무원 시험 준비하고 있어."

"그거 경쟁률 너무 높더라. 언제쯤 될 거 같아?"

"모르지. 어쨌든 이렇게 공부라도 해야 마음이 놓여."

그들은 하나같이 아무리 열심히 해도 잘 풀리지 않는 취직 문제를 이야기하고 있었다. '이력서를 200통 보냈는데 한 군데도 연락이 안 온다'라는 말도 했다. 특별한 기술을 배워 보라는 친구의 말에 한 친구가 답했다.

"그래봤자 금방 로봇이 따라잡을 걸?"

이런저런 이야기의 끝은 절망감이었다. 듣고 있자니 기성세대가 무언가 잘못한 느낌이 들었다. 우리 때는 저런 고민이 없었으니까. 하지만 그들의 문제는 곧 기성세대의 문제이기도 하다. 바로 우리 자녀들의 미래이니 말이다.

우리 아들은 내가 공부하라는 잔소리를 하면 이런 대꾸를 하곤 한다. 자기는 흙수저라서 아무리 공부해도 소용이 없단다. 부모로서 미안하지만 한편 괘씸하기도 하다. '누군 부모덕으로 살았나' 하면서.

그러면서도 걱정이 되니 나는 미래 사회에 대해 공부하기 시작했다. 오래전부터 미래학에 관심이 많기도 했다. 대부분의 일들이 미래학 책의 내용대로 펼쳐지는 게 신기하기만 하다. 최근에는 곳곳에 세미나가 열리고 있어서 새롭게 얻을 수 있는 정보도 많았다. 그 정보의 결과들인 '4차 산업혁명이란 무엇인가?', '우리의 일자리는 어떻게 되는가?', '우리 아이들은 당장 어떤 일을 해야 하고 어떤 삶을 살아야 하나?' 등에 대해 생각하게 되었다.

행복에 대한 관점도 공부하기 시작했다. 뭐든 등수로 점수를 매기고, 행복을 공식화하던 시대에 비해 행복의 조건이 까다로워졌다는 생각이 든다. 요즘엔 작은 것에서 행복을 찾자는 소시민적인 발상도 보인다. 하지만 슬그머니 드는 생각은 그것이다.

'원래 이런 게 정상이 아닌가?' 하는. 우리나라가 개발도상국 신분이었던 시절에는 무조건 빨리 성과를 이루어야 했다. 일하는 방식이 도덕적인지, 개인의 기분이 어떤지 따위는 중요하지 않았다.

지금은 다르다. 단체가 아니라 개인으로서 각자가 특별한 존재임을 깨닫게 되었다. 개인의 감정, 특히 순간의 감정도 중시하게 되었다. 그러니 행복을 정의하는 방식이 달라져야 한다. 이제는 물건도 소품종 대량 생산이 아니라 다품종 소량 생산 시대다. 개인의 삶도 마찬가지로 전 세계 인구가 각자 74억 개의 독특한 삶의 방식을 개발해야 한다. 그 정체성은 무엇으로 나타날까? 바로 각자의 얼굴이다.

올해 초부터 사람의 얼굴이 가진 독특한 지위, 그 중요성에 대해 매일경제에 칼럼을 써왔다. 또한 4차 산업혁명 시대에 적응하는 사람이 되려면 어떻게 해야 하는지에 대해서도 썼다. 그 글들을 위주로 책으로 엮게 되었다.

책 제목을 무엇으로 할지 고심하던 중 딸이 옆에서 거든다.

"엄마. 요즘 젊은 사람들은 다 우울해. 그래서 우리 마음을 알아주는 책을 읽고 싶어 해. 제목도 그런 걸로 해봐."

딸의 권유로 젊은 사람들의 고민을 조금이나마 덜어주고 싶은 마음이 들었다. 그건 쉬웠다. 내 젊은 날도 그랬으니까. 나는 나 자신을 사랑하지 못하고 심하게 방황하는 20대를 보냈다. 가정환경이나 경제적으로 최악이었다. 그 결과가 반항기로, 자포자기 심정으로 얼굴에 차곡차곡 쌓여갔다.

당연히 내 얼굴은 비호감형이었다. 늘 외로웠고, 사회생활에서 어려움을 겪었다. 그럴만한 이유가 또 있었다. 나의 첫 직업은 내가 원한 게 아니었기 때문이다. 대학부터 나랑 맞지 않았다. 나는 집안 형편 때문에 그 당시 수업료가 무료였던 교대에 가게 되었다. 그리고 첫 발령을 받아 교사로 부임하게 된 곳이 하필 오지 중의 오지였다. 자유를 갈구하던 내게 보수적인 분위기의 시골 초등학교 교사라니. 게다가 우리나라는 그 당시 경제가 활성화되고 있어서 여기저기 입지전적인 스토리가 들려왔다. 나도 그런 스토리의 주인공이 되고 싶었나 보다.

결국 처음 발령받은 학교에서 1년여 정도 근무하다가 교사를 그만두었다. 그리고 거친 세상의 풍랑을 한 번 맞아보기로 했다. 안락함은 매력이 없어 보였다. 역시나 세상은 예상대로 만만치가 않았다. 나는 일이 힘하다는 매력에 끌려 건축 설계도 하고, 당시 해외 사업 붐을 타고 중국에서 사업을 해보기도 했다. 그 과정에서 깨달은 내용을 이 책에 담았다.

나 자신을 사랑한다는 것, 그것은 쉬우면서도 어려운 일이다. 과거 잔잔한 호수에서 바라 본 내 얼굴은 자꾸만 일그러져 보였다. 안으로 깊이 파고드는 온갖 잡념과 자기 불신 때문이었다. 그런데 외부의 거친 태풍을 맞서 나가면서 오히려 나 자신을 신뢰하게 되었다. 아주 오래 걸렸지만 나 자신에 대한 불신의 늪에서 벗어난 것만으로도 행복하다. 내가 나를 사랑하게 되었으니….

그 사랑은 얼굴로 표현되고 있다. 얼마 전 모 세미나에서 있었던 일이다. 어떤 30대쯤 되어 보이는 여자가 세미나 내내 나를 쳐다보았다. 세미나가 끝나자 그 여자가 나에게 말을 걸어왔다.

"인상이 참 좋으세요. 아까부터 얼굴을 계속 쳐다봤거든요. 제가 안 좋은 일이 있었는데 마음이 아주 편안해지네요."

그녀는 내 얼굴이 사람의 마음을 행복하게 해 주는 힘이 있다고 했다. 나는 속으로 외쳤다.

'야호. 내가 드디어 해냈어! 좋은 인상을 만들려고 그렇게 노력했는데, 역시 뭐든 노력하면 안 되는 게 없구나.'

물론 내가 아주 좋은 사람이라는 말은 아니다. 부족한 점이 많고 여전히 불안하다. 그러나 내 이미지가 현재 좋다는 말은 적어도 전보다는 내면이 많이 좋아졌다는 뜻으로 들린다. 전에는 진짜 형편없었는데 말이다.

타고난 외모는 어쩔 수가 없다. 하지만 얼굴에서 풍기는 이미지는 노력 여하에 따라 많이 달라진다. 연인 사이나 친구 관계, 대학 입학시험이나 취직 시험의 면접 등에서 이미지의 중요성이 커지고 있다. 그런데 내가 나를 사랑할 수 없고 우울하다면, 남도 내 이미지(얼굴)를 사랑할 수가 없다. 내 이미지는 결국 나에게서 나온 것이니까.

지금처럼 내가 나를 안아주기까지 많은 시간이 걸렸다. 내 아들딸을 포함한 요즘 젊은이들은 조금 더 빨리, 그 '껴안음'을 느껴봤으면 좋겠다. 그래서 이 책을 썼다. 무조건 "나 지금 되게 힘들어요"라고 말만 하는 방법은 결과가 없다. 그래서 그 힘듦을 어떻게 해결해 왔는지, 다양한 근거를 들어 제시했다.

부디 나처럼 오랫동안 자신을 방치하지 말고, 미워하지 말고, 적어도 자신에 대해 공부하면서 기다려 주기를. 그러다가 문득 자신이 사랑스러워 못 견딜 때가 오기를, 진심으로 바란다.

2018년 가을
저자 씀

차례

[일러두기]
· 본문에 나오는 QR 코드들은 저자가 운영하는 유튜브 채널의 관련 동영상으로 연결이 됩니다. 스마트폰에서 QR 코드 관련 어플리케이션을 다운받으셔야 원활한 시청이 가능합니다.

지구상에는 수십억 명의 사람이 살고 있지만, 얼굴이 똑같은 사람은 단 한 명도 없다고 한다. 심지어 일란성 쌍둥이도 얼굴이 약간 다르게 생겼다. 얼굴의 어원이 '얼이 드나드는 굴'이라는 말이 있다. 얼은 그 사람이 가진 고유의 정신이므로 누구와도 같을 수 없을 것이다.

내가 그렇게 별로인가?

1장

사람의 얼굴은
왜 중요한가?

사람의 얼굴이
중요한 이유

어릴 때 내 별명은 못난이였다. 그 당시 '못난이 인형'이라는 게 있었는데 그 중에서도 하필 우는 인형이 나를 닮았다고 했다. 걸핏하면 우는데다 주근깨, 바가지 머리라서 내가 봐도 판박이였다. 그런데 못난이라는 별명과 그 인형의 이미지가 어린 시절, 내 자아형성에 영향을 미친 것 같다.

말하자면 잘 울고, 못생기고 내성적인 아이가 나의 캐릭터였다. 그 캐릭터 안에 갇혀 있다 보니 자존감이 낮았다. 그래서 인상이 나빴나 보다. 어딜 가든 인기가 없었고, 사회생활도 힘들었다.

첫 직장인 시골 학교로 발령받은 날이었다. 처음 교사들 앞에서 인사를 하고 다 같이 식당으로 밥을 먹으러 갔는데, 여교사들이 나만 빼고 자기들끼리 앉는 것이었다. 그러더니 아무도 나에게 말을 시키지 않았다. 나중에 알게 된 사실은 내 인상이 너무 안 좋아서였단다. 사납

게 생기고 보통내기가 아닐 것 같아서 초반에 기를 죽여야 한다고 말이다. 지내면서 겪어 보니 인간적이라며 내게 의외라는 반응을 보이는 사람도 있었다.

그렇게 내 첫인상을 나쁘게 본 사람들 때문에 직장 생활이 힘든 적이 많았다. 그럴 때마다 '나는 왜 인상이 안 좋지? 뭐가 문제인 거지?' 생각하곤 했다. 관상 책을 살펴보기도 하고 손금도 보고, 인상에 관한 책도 찾아보았다. 특히 이미지 트레이닝 관련 책을 보면서 일부러 웃음 짓는 얼굴을 만들려고 했다. 그러나 단순히 훈련을 통해 습관이 되기는 어렵다는 것을 알게 되었다. 무엇이든 자연스러워야 하는데 아무리 '개구리 뒷다리'를 외쳐도 얼굴은 여전히 사나워보였다. 나중에 깨달은 것이 있다. 결국 마음의 흐름이 얼굴에 드러난다는 것이다. 겉으로 아무리 예쁜 척해 봐야 인상이 좋아지지 않았다. 마음이 먼저였다.

의식적으로 마음을 고쳐먹고 얼굴 표정에도 신경을 썼다. 그 결과 요즘은 인상이 좋다는 말을 듣는다. 나는 미인이라는 말보다 인상이 좋다는 말이 훨씬 듣기가 좋다. 내 노력의 결과이기 때문이다. 그것은 마치 부모님 덕분에 부자가 된 사람이 '부모님을 참 잘 만났네요'란 소리 듣는 것보다 본인이 열심히 노력해서 부자가 된 경우가 더 자랑스러운 것과 같다.

사람의 얼굴은 많은 것을 드러낸다. 그 사람이 살아온 과거의 행적이나 성품, 직업 등. 그래서 우리는 남의 얼굴을 한 번만 스윽 보고도 마치 점쟁이처럼 많은 걸 판단하곤 한다. "저 사람은 인상이 안 좋아", 혹은 "인상이 참 좋아"와 같이 말이다. 그런데 간과하는 것이, 상대방도 나를 똑같이 평가하고 있다는 것이다. 물론 옷차림이나 말투에서도 정보를 얻어내지만 가장 많은 것을 드러내는 것은 얼굴이다.

가끔 그런 생각이 든다. 얼굴도 신체의 일부일 뿐인데 왜 얼굴에만 관심이 집중되는 것일까? 얼굴만이 갖는 독특한 지위는 무엇일까? 왜 우리는 누굴 보고 싶다고 할 때 얼굴을 떠올릴까? 다리나 어깨나 발꿈치가 아니고.

요즘 홍채 인식이나 지문 인식 등의 프로그램이 있지만 얼굴은 그 사람임을 드러내는 마지막 인증이 되지 않을까 한다. 사람마다의 고유한 얼굴은 대체 불가능한 영역이기 때문이다.

대부분의 사람들은 얼굴이라고 하면 미용적인 면에 치중하곤 한다. 겉으로 자연스럽게 배어나오는 내적인 아름다움에 대해서는 무시하기 일쑤다. 고 박병선 박사가 프랑스로부터 외규장각 의궤를 되찾아 올 때 그런 생각이 들었다.

'흰머리에 수수하게 입어도 저렇게 아름답다니.'

그건 단순히 외적으로 아름다운 것과는 달랐다. 나이가 들어도 여전히 아름다운 얼굴을 가지려면 앞으로 어떻게 살아야 할지 고민해 봐야겠다.

마지막까지 쓸까말까
고민하다가 쓴 글

이 책은 이 꼭지를 쓰기 전에 원고를 다 완성하였다. 하지만 내가 쓴 글을 전체적으로 훑어보던 나는 속으로 반발심이 생겼다. '그래서, 뭐? 어쨌다는 거야? 대체, 왜 자존감이 낮았는지 설명하면서, 못난이 인형 때문이라는 게 말이 돼?'라고 내 자신을 점점 추궁하기 시작했다.

그렇다. 나는 진짜 알맹이를 쏙 빼놓고 있었다. 그러면 독자들도 눈치챈다. 그래서 결심을 했다. 내 진짜 이야기를 하기로. 왜 내가 자존감이 낮은 어린 시절을 보냈으며, 어떻게 어른이 되어 인상이 좋아지게 되었는가를 이야기해 보려고 한다.

몇 년 전 내가 담임으로 있던 반에 정서적으로 힘든 남자아이가 있었다. 엄마와 아빠가 1년 전 이혼을 한 가정의 아이다. 그 아이는 늘 분노에 꽉 차 있었다. 엄마가 자기를 버리고 갔다고 생각해서다. 막내였던 그 남자아이는 할아버지, 할머니, 아빠, 형, 누나랑 살고 있었는데, 할머니가 엄마에 대해 아이들을 버리고 집을 나간 여자라고 나쁘게 말을 한 것이다.

엄마의 껌딱지였던 그 아이는 엄마에 대한 배신감이 더욱 클 수밖에 없었다. 그러다 그 미움은 점점 그리움으로, 다시 애틋한 사랑으로 바뀌어 갔다. 특히 엄마와 가끔 통화를 하곤 했는데 그마저 안 될 때는 통제 불능의 상태가 되어 갔다.

닥치는 대로 집어던지고 소릴 지르곤 해서 수업이 안 될 정도였다. 하루는 미술 시간에 또 난동을 부렸다. 내가 이번엔 도저히 안 되겠다 싶어서 체육관으로 데리고 갔다. 그리고 엄한 목소리로 말했다.

"네가 그러면 아이들이 너를 더 싫어해. 엄마가 그런 너를 보면 얼마나 가슴이 아프겠니?"

그러자 그 아이가 섬뜩한 말을 했다.

"그래서 그냥 죽어버리려고요."

아니 죽는다니, 어린아이가 자살이란 말을 꺼내다니…. 그 아이는 "사실 자살을 시도해 본 적도 있어요" 하고 울면서 말했다.

내 머릿속은 엄청난 충격과 함께, 그동안 까맣게 잊고 지내던 과거로 빠르게 필름이 돌아갔다. 그리고 한 장면이 떠올랐다. 정확히 초등학교 2학년 어버이날이었다. 그날 학교에서는 다 같이 부모님에게 편지를 썼다. 그 편지를 가지고 집으로 오면서 나는 많은 반성을 했다.

'요즘 엄마 아빠가 왜 그렇게 싸우시지? 어젠 아빠가 집에 안 들어오셨어. 아마 내가 동생들을 잘 돌보지 못했기 때문일 거야. 내가 반찬 투정을 했나?'

사실 그 부분은 잘 기억이 안 났다. 그렇게 반성을 거듭하면서 집에 돌아왔다. 그런데 집에는 할머니와 삼촌이 와 계셨다. 그리고 할머니는 엄마가 이제 다시 안 돌아올 거라고 말씀하셨다.

그 순간 나는 '그럼 이 편지를 엄마에게 어떻게 전하지?' 하면서 주머니 속의 편지를 만지작거리고 있었다. 그리고 이런 생각들만 머릿속에 맴돌았다.

'이 편지를 더 빨리 썼어야 했는데…. 그럼 엄마가 집을 나가지 않았을 텐데. 내가 잘못한 거야. 매일 동생하고 싸웠으니까. 그래서 엄마가 집을 나간 거야. 이제 그럼 나는 어떡하지? 엄마가 다시 돌아온다면 이제 진짜 동생하고 안 싸울 텐데, 이제는 엄마 말을 진짜 잘 들을 수 있는데….'

그때의 이야기를 그 아이에게 들려주었다. 그리고 말했다.

"하지만 선생님은 너처럼 애들이나 때리고 다니지 않았어. 보란 듯이 성공해서 엄마를 찾아갈 거라고 생각했지. 네가 결정해. 네가 죽으면 엄마는 너보다 더 슬퍼할 거야. 그걸 원하니? 아님 성공해서 엄마를 모셔 와서 같이 살길 바라니? 혹시 또 아니? 네가 성공해서 방송에 나오면 엄마는 널 금방 알아보고 너에게 먼저 올지도 몰라."

그 뒤로 그 아이는 순한 양이 되어 갔다. 공부도 열심히 하고 친구들과 싸우지도 않았다. 미술에 남다른 소질을 발견하고, 열심히 그림을 그렸다.

학생을 회유하다가 갑자기 터져 나온, 어린 시절의 한 장면. 그렇다. 나는 어린 시절 내내 죄책감에 시달렸다. 아주 어릴 때부터 부모님이 사이가 안 좋아 늘 싸우셨는데, 그때마다 너무 무서워 벌벌 떨면서 옆집으로 도망가곤 했다. 그리고 항상 내 나이에 맞는 이유를 찾아보았다. 세 살 때는 내가 밥을 너무 안 먹어서 그런가 보다 생각했다. 네 살 때는 내가 동생을 잘 돌보지 못해서 그런가 하며 나를 미워하게 되었다. 그런 자학적인 성향이 어른이 되어서도 나타나곤 했다.

그때 그 아이와 같이 펑펑 울면서 대화를 이어나가던 중, 아이가 내게 슬며시 다가왔다. 그리고 내 등을 감싸 안았다.

"선생님. 너무 슬퍼하지 마세요. 선생님은 지금 이렇게 멋지게 자라셨잖아요. 엄마가 이런 선생님을 보고 자랑스러워하실 거예요."

그리고 자기도 선생님처럼 훌륭하게 자라서 엄마에게 떳떳한 아들이 되겠다고 말했다. 오히려 내가 그 아이의 격려를 받고 있었다.

그 장면 이후로 내가 나를 안아주기 시작한 것 같다. 오랜 시간 동안 컴컴한 구석에 웅크리고 앉아있던 나 자신을, 나의 어깨를 내 두 손으로 마침내 번쩍 들어 올려 일으켜 주었다.

나는 부모의 이혼에 대해 아무런 잘못이 없었다. 어른들이 서로 마음이 안 맞아서 싸우다가 헤어진 것뿐이다. 이 글을 읽고 부모님이 상처를 받을까봐 염려된다. 하지만 이 또한 죄책감의 연장이란 생각이 든다.

사실 이혼이 뭐 대단한 일인가? 특히 이혼 가정의 아이들은 아무런 잘못이 없다. 그러나 어딜 가든 숨기려고만 한다. 그 자체가 이미 자신의 잘못인 듯 착각하는 것이다.

남들의 곱지 않은 시선 때문에? 누가 누굴 곱지 않게 본단 말인가? 부모님의 사랑으로 모자람 없이 자란 이들과 다르다는 이유로? 나는 부모 이혼의 아픔까지 껴안으면서, 그렇지 않아도 힘들 사춘기까지 견뎌냈는데?

게다가 그들은 자기 자신을 사랑하기 힘든 이중고를 겪어야 한다. 학교에서 만나는 많은 아이들이 부모의 이혼으로 인해 심리적 위기를 겪고 있다. 그 아이들에게 말해 주고 싶다.

"부모님의 이혼은 절대로 너희들 잘못이 아니야. 너희들도 친구랑 싸우잖아. 어른들도 그런 거야. 그리고 너는 그것과 상관없이 잘 살아나갈 수 있어."

그리고 어린 시절의 나에게도 말해 주고 싶다.

"어버이날, 까짓 거 그 편지 뭐가 중요한데? 사실 네가 쓴 편지 내용, 그거 별 거 없었잖아. 그리고 그 내용대로 너도 그 후로 부모님 말씀 잘 듣고, 동생 잘 보살피고, 편식 안 하고, 그렇게만 살지는 않았잖아. 다 그런 거 아니겠니? 인생은 누구나 다 그렇게 부족한 채로 살아가는 거야. 그리고 무엇보다 말이야. 네 잘못은 하나도 없어."

그리고 아주 진지하게, 이렇게 말하고 싶다.

"사실 이거 처음 하는 말인데, 너 진짜 좀 멋지더라. 그렇게 힘들어도 씩씩하게 잘 견뎌왔잖아. 가능하다면 널 꼭 안아주고 싶어. 사랑해. 윤숙아."

눈치만 보던
지난 시절

나는 사람의 얼굴을 관찰하는 습성이 있다. 이는 단순히 외모를 보는 게 아니다. 전체적으로 느껴지는 분위기, 즉 기분이 좋은지 나쁜지 나를 좋아하는지 싫어하는지 등을 두루두루 살피는 것이다. 그런 습성 때문에 학창 시절 나 혼자 괜한 죄책감에 시달리곤 했다. 예를 들어 수업 시간에 단체로 혼이 나는 경우에도 나는 남들보다 더 크게 괴로워했다. 마치 나 때문에 그런 일이 일어난 것처럼 느낀 것이다.

사실 어린 시절부터 눈치를 많이 보고 자랐다. 둘째로 태어난 나는 어중간한 위치였다. 내가 나를 챙기지 않으면 안 되었다. 그리고 사업을 하던 친정아버지가 크게 부도가 나면서 경제적으로 곤란을 겪었다. 한창 민감한 시기에 등록금을 못 내서 선생님께 이름을 불리고, 교실에서 서 있어야만 했다. 등록금을 못 내서 급기야 진급이 누락된 적도 있고, 고등학교 3학년 때는 정학 처분을 받아서 등록금을 낼 때까지 등교 정지를 당한 적도 있었을 정도였다.

그러니 매일 학교에 가서도 선생님들 눈치를 봐야 했다. 급우들 눈에도 그게 보였나 보다. 하루는 우리 반에서 제일 우울해 보이던 아이가 나에게 와서 말했다.

"너는 매일 우울해 보여."

그 아이가 나에게 이 말을 할 때만은 참 당당해 보였다. 그 정도로 내가 안쓰러웠나 싶다.

사회에 나와서도 눈치 보는 습관이 남아 있었다. 늘 상사의 눈치를 보게 되어 야근을 자처하곤 했다. 그런 습관이 동료들에게 밉게 보인 것은 물론이다. 뭐든 잘해야 한다는 강박관념과 열등의식이 나를 지배하고 있었다.

항상 긴장된 상태에서 쫓기듯 생활하다 보니, 만성 위염에다 양미간은 늘 찡그리고 있었다. 그러니 어딜 가서도 호감을 얻지 못했다. 가장 큰 문제는 내 자신이 나를 싫어한다는 사실이었다. 하루는 내 목소리가 듣기 싫어서 하루 종일 말을 안 한 적도 있다. 외출을 할 때는 마치 미운 오리 새끼처럼 나를 뚝 떼어놓고 나가고 싶을 정도였다.

그러나 이렇게 살다 가기는 싫었다. 온갖 자기계발 서적을 탐독하고, 매력적인 사람이 되는 방법에 대해 연구하기 시작했다. 처음엔 인상학이나 관상 책을 보았지만 그런 건 일시적이었다. 내면의 문제가 더 컸기 때문이다. 내가 행복하지 않은데 가짜로 미소를 짓기는 힘들었다.

무엇보다 내가 나를 싫어하는데 남이 나를 좋아해 줄 이유가 없었다. 사람들은 자기 자신을 싫어하는 사람을 귀신같이 알아본다. 학교에서 왕따를 당하는 학생은 자기 자신을 존중하지 않는 경향이 있다. 값이 비싸게 매겨진 물건은 귀하게 보이는 법이다. 내 값을 매기는 게 나라면 이왕이면 비싸게 매겨야 하지 않을까?

내가 나의 가격표를 비싸게 책정하기 위해서 먼저, 나를 사랑하는 법을 공부해야 했다. 그건 내게 공부나 마찬가지였다. 사랑도 그렇고, 행복도 그렇고, 내가 나를 사랑하는 법도 공부를 해야 할 수가 있었다. 자연적으로 되는 방법은 없었다. 아주 훌륭한 부모님을 만나서 평생 AS를 받으면서 산다면 모를까?

얼굴의 '인상'을 말할 때 서비스 관련 종사자들의 말이 떠오른다. 그들의 말처럼 이미지 트레이닝을 해야 한다고 생각될 수도 있다. 사실 훈련은 훈련이다. 마음의 훈련. 마음의 훈련이 먼저 이루어져야 한다. 나 자신을 사랑하는 훈련, 행복해지는 훈련, 굳이 말하자면 뇌 훈련이라고 해야 할까?

여러 가지로 노력을 한 결과, 행복해지고 인상이 좋아지고 나를 사랑하게 되고, 이런 선순환이 이루어지는 것이다. 그 선순환 구조에서 무엇이 먼저인지는 중요하지 않다. 뭐라도 하나만 잘 작동이 되면 연결고리가 이루어져서 다 같이 잘 돌아가는 경험을 했다.

'내가 나를 먼저 존중해 주기', 이를 실천하기 위해서 제일 먼저 해야 할 일은 '내가 나에게 미소를 지어주는 것'이다. 특별히 나에게 주는 미소는 가을 첫 수확 때 가장 먼저 따온 사과처럼, 신새벽 갓 짜온 우유처럼, 가장 신선하고 아름다워야 한다.

내 인상이 그렇게
안 좋은가?

고등학교 3학년 겨울 방학 때였다. 대학 입학이 결정되자, 친한 친구가 미팅을 주선했다. 그날 미팅에 나오기로 한 남학생들은 국내 최고 명문대에 합격한 친구들이었다. 내 친구도 명문대 어문학과였으니 교육대학에 합격한 내가 학벌에 있어서는 가장 뒤진다는 열등감이 들었다. (물론 지금은 교육대학이 더 높은 편이다.) 열등감은 간혹 지나친 방어로 드러나곤 한다.

친구와 미팅하러 전철을 타고 가는데 광고판에 잘생긴 남자 모델이 보였다. 그 남자를 가리키면서 내가 말했다.

"오늘 나오는 애들이 저 남자보다는 잘생겼겠지?"

친구가 어이없어 하면서 말했다.

"야, 저 남자는 모델이야. 어떻게 저 남자보다 더 잘생길 수가 있니? 그럼 너는 저 여자 모델보다 예쁘니?"

그 친구는 나보다 얼굴도 예뻤고 공부도 잘해서 명문대학 최고학과에 합격한 상태였다. 그날 미팅에 나가서도 나는 괜히 콧대만 높였다. 미팅에 나온 남학생들은 전형적인 모범생 포스에 귀티가 줄줄 흘렀다. 그 앞에서 나는 기가 죽지 않으려고 지나치게 힘을 주었다. 그 모습이 꼴 보기 싫었나 보다. 결국 내 파트너였던 남학생은 한 시간도 안 되어 자리에서 일어섰다. 그리고는 전화번호도 물어보지 않고 휑하니 가 버렸다.

생애 첫 미팅에서 보기 좋게 차인 것이다. 그 뒤로도 한동안 미팅만 나가면 애프터를 받지 못했다. 나보다 못생긴 친구들도 다 받는 애프터라는 걸 말이다. 애프터를 못 받았다는 건 밥도 못 먹었다는 이야기다.

그렇게 차이고 집에 돌아온 날은 양푼에 하나 가득 김치를 넣고 우걱우걱 밥을 비벼 먹었다. 그 당시 학교에서 돌아온 동생들은 니가 밥을 비벼 먹는 모습만 보이면 혀를 끌끌 차면서 말했다.

"오늘 또 차였어? 쯧쯧."

그 당시 남학생들이 눈이 너무 높다고 생각했다. 나는 늘 불쌍한 피해자이고 말이다. 그런데 《예감은 틀리지 않는다》라는 소설을 읽고 깨달은 것이 있다. 나는 피해자가 아니고 가해자일 수도 있었다. 오래전 일들이라 가물가물하지만 미팅을 나가면 늘 꼿꼿하게 앉아서 묻는 말에만 딱딱하게 대답을 했던 것 같다. 마치 대단한 사람이 상대방을 만나주는 분위기를 풍겼을 것이다.

하지만 속으로는 그런 생각을 했다. '얘가 나를 깔보면 어쩌지? 이 옷은 빌려 입은 건데 눈치챈 건 아닐까?' 하면서 경계 태세로 대화를 했다. 힘이 잔뜩 들어가 있고 눈꼬리가 사나운 여자에게 말을 걸고 싶은 남자가 있을까?

미팅에서 애프터를 못 받고 밥도 못 먹으면 배가 허기진 것도 있지만, 마음이 더 허기졌다. 왜 나는 매일 차일까? 그게 참 궁금했다. '내가 못생겼거나, 옷을 못 입어서'라고도 생각했다. 아니 그건 사실 핑계다. 더 수수한 여학생들도 애프터를 받았기 때문이다. 그보다는 내가 인상이 무척이나 안 좋았기 때문이었다.

그 당시 사진을 보면 눈꼬리가 위로 올라가 있다. 마치 일부러 치켜뜨고 있는 것처럼 말이다. 늘 눈꼬리에 힘이 들어가 있었고 말은 내뱉듯이 툭툭 던졌다. 현실에 불만이 가득 찬 얼굴이다. 내가 남자라도 오만상 찡그리는 여자에게 마음이 가지는 않았을 것이다. 만일 그 얼굴이 생글생글 웃는 상이었다면 얼마나 예뻐 보였을까 싶다.

선배 중에 웃는 상이 있다. 그 언니는 집안 형편 때문에 고등학교만 졸업하고 직장 생활을 하고 있었는데 같은 교회 청년이 프러포즈를 해서 결혼을 하게 되었다. 나이도 더 어리고 좋은 집안에 해외유학까지 갔다 온 남자였다. 게다가 잘생기기까지. 그에 비해 그 언니는 키도 작고 그다지 예쁘다고 할 수 없는 얼굴이었다. 단 하나 나랑 다른 게 있었다. 반달형 눈에 웃는 상이라는 것.

내가 젊은 시절로 되돌아 갈 수만 있다면 제일 먼저 하고 싶은 일이 하나 있다. 큼직한 거울을 방 안에 놓아두고 매일 보면서 웃는 상이 되도록 연습하는 일이다. 그리고 나에게 애프터를 신청하지 않은 남학생들을 일일이 찾아가고 싶다. 그리고 세상에서 제일 아름다운 미소를 지어 보이면서 말하는 것이다.

"밥은 내가 사 줄 테니 웬만하면 애프터는 신청해라."

얼굴로 상처를 주는
사람들

사람에게서 받는 상처는 말로 받을 때도 있지만 얼굴 표정으로 받는 경우도 있다. 아니 그 경우가 훨씬 더 많다.

상하이에서 사업을 하던 때의 일이다. 하루는 아는 분이 지인의 집 인테리어를 의뢰했다. 처음엔 정중히 거절했다. 우리 회사는 주로 한국에서 상하이로 진출한 기업들의 직영점 매장을 공사했다. 아파트 인테리어 같은 경우 개인이 운영을 하는 회사에나 이윤이 남는 공사였다. 그리고 사실은 그보다 더 큰 핑계가 있었다.

아파트 인테리어는 고객이 주로 깐깐한 주부라는 점이었다. 상하이에 와 있는 주부들은 대부분 남편이 주재원으로 발령을 받아서 온 경우다. 주부들은 시간이 많아서 공사 내내 현장에 살다시피 하는 경우가 많았고, 대체로 부유하다 보니 까다롭고 눈이 높았다. 상대적인 박탈감이 나를 괴롭혔다.

그들은 머리손질이며 옷차림이 화려했지만 나는 늘 땀에 절어서 이리저리 뛰어다니느라 꾸밀 시간이 없었다. 수수하다 못해 중국 여자 아니냐는 오해를 받곤 했다. 더군다나 나보다 한참 어린 주부들이 이래라 저래라 지시하는 말투가 거만하게 느껴졌다. 그럴 때마다 현장에서 다 엎어버리고 싶은 충동이 일어나곤 했다. 그전에 지인의 부탁으로 몇 번 아파트 인테리어를 진행했지만 가슴에 온통 상처만 남았다. 그런데 이번엔 나에게 중요한 클라이언트의 부탁이니 거절할 수가 없었다. 그래서 목공 인부 한 명과 함께 인테리어 실측을 하러 갔다.

게다가 고객은 내게 미리 언질을 주었다. 그 집 안주인은 모기업의 딸인데 외동딸에다가 곱게만 자라서 말로 상처를 줄 수도 있다는 것이다. 심호흡을 하고 현관 벨을 눌렀다. 그러자 문을 열고는 젊고 예쁜 여자가 앞에 서있었다. 그녀는 팔짱을 낀 채 우리에게 너무 늦게 왔다고 한 마디 쏘아댔다. 그리고는 우리를 위아래로 훑어보았다.

끓어오르는 마음을 억누르고는 누구 소개로 왔다고 말하고 목공과 같이 실측 좀 하겠다고 했다. 그러자 갑자기 그녀가 중국 인부 발을 가리키며 신발을 벗지 말라고 소리를 친다. 이어서 중국 사람들은 발 냄새가 심하게 난다고 하면서 난색을 표했다.

그러자 한국말을 하나도 모르는 중국 공인은 무안한 표정을 짓더니 바지 주머니에서 비닐 봉투를 꺼냈다. 그러더니 주섬주섬 자기 발에 씌운다. 발목을 매듭지어 단단하게 묶고는 됐느냐는 식으로 나를 보고 고개를 끄덕한다. 그 공인에게 미안했다. 그 집은 복층으로 되어 있어 꽤 넓었는데 그깟 발 냄새 좀 나면 어떻고, 꼭 그렇게 호들갑을 떨었어야 했는지. 그것도 면전에서 말이다. 아무리 중국인이라도 안주인의 어투나 표정과 몸짓으로 눈치를 챘던 것이다.

나는 도저히 마음이 내키지 않아서 다음에 오겠다고 하고는 그 집을 나와 버렸다. 그 안주인이 공인과 나에게 보여준 그 모멸감 어린 표정을 지금도 잊을 수가 없다. 마치 거리의 부랑자 다루는 것 같은 태도를 표정 하나로 보여준 것이다.

그 뒤로도 주재원 부인들에게 받은 상처가 많았다. 한번은 우리 회사에서 꽤 중요한 위치에 있는 고객의 부탁을 들어줄 일이 있었다. 자기 부인 생일날 서프라이즈 선물을 해 주고 싶다는 것이었다. 그러면서 자기가 실측을 해 왔으니 자기 부인 화장대를 짜서 배달시켜 달라고 했다.

유럽에 갔을 때 부인이 마음에 들어 한 디자인의 화장대가 있단다. 똑같이 만들어 줄 수 없느냐고 했다. 나는 중국인들이 감각이 딸려서 힘들겠다고 말했다. 그러자 나보고 그 정도 실력밖에 안 되느냐고 하는 것이다. 공인들이 만드는 건데 내가 아무리 잔소리를 해도 소용없다고 했지만 거듭 부탁을 하니 어쩔 수 없이 만들기로 했다. 당연히 대가는 없었다.

그 뒤로 나는 잠도 오지 않을 정도로 신경을 썼다. 매일 공장을 들락날락하면서 화장대를 만들었다. 완성되었다고 하니 그 고객은 자기 집에 배달을 해 주라고 한다. 나는 부인이 마음에 들어 할지 걱정을 하며 집으로 배달을 갔다. 마침 그 부인의 생일 파티를 하고 있었다. 내심 부러움이 일었다. 같은 여자로 태어나서 나랑 동갑인 여자는 집에서 놀면서 저런 생일 파티를 하고, 나는 그 여자 생일 선물을 만들기 위해 몇날 며칠을 고생하였으니 말이다.

그런데 더 서러운 일이 일어났다. 내가 남편이 주문한 화장대를 가져왔다고 하며 거실로 들이는데 그 부인이 눈살을 찌푸린다.

"아니 다리 모양이 저게 뭐야? 아휴, 페인트 색 좀 봐."

그러더니 더 이상 험한 이야기를 할까봐 걱정이 되었나 보다. 나보고 현관을 향해 자기 검지 손가락을 치켜들며 밖으로 가지고 나가라는 것이다. 안으로 아예 들이지 말란다. 자기 손님들이 그걸 볼까봐 창피해하기까지 했다.

그때 그 부인이 내게 보여준 표정은 백 마디 비난보다 더 날카로운 비수가 되었다. 온갖 비아냥과 무시와 안쓰러움과 미안함이 뒤섞인 표정이 느껴졌다.

화장대를 들고 인부와 그 집을 나오면서 얼굴이 화끈거렸다. 그러면서 젊은 시절로 필름이 재빠르게 돌아갔다. 내가 젊은 시절 대기업

팀장 특채 자릴 고사하지만 않았어도, 그럼 아마 나도 주재원이 될 수도 있었을 텐데 하면서.

그 부인이 보였던 그 표정이 오래도록 기억에 남아 지워지지 않았다. 결국 우리 회사는 얼마 있다가 한국으로 돌아오게 되었다. 그 주재원 부인의 남편 회사도 사업을 접고 들어왔다는 소식을 나중에 전해 들었다.

아무리 마음에 안 들어도 그렇지, 남편이 특별히 서프라이즈 해 주려고 주문한 건데 말이다. 게다가 유럽 퀄리티를 바라는 것 자체가 무리 아닌가?

그녀가 나에게 말로 무시하거나 무례하게 한 것은 별로 없었다. 문제는 그 마음이었고, 그 마음이 비친 얼굴 표정이었다. 따뜻함이라고는 찾아볼 수 없는 그 부인의 표정이 두고두고 가슴에 상처가 되었다. 나라면 일단 고맙다는 말을 한 마디 하고, 따뜻한 표정을 지어 주었을 텐데 말이다. 집에 들이지도 못하게 하고 문전박대한 일은 너무 했다는 생각이 든다.

우울한 나에게
미소를 지어주면 안 될까?

　프로필 사진을 찍게 되었다. 스튜디오를 고르다가 지인의 소개를 받아서 잘 찍는다는 곳으로 갔다. 내가 사진작가에게 처음 한 말은 나이가 많지만 예쁘게 찍어달라는 거였다. 그 스튜디오에 진열된 사진 속 주인공들이 모두 나보다 젊었기에 걱정이 되었다. 하지만 이어진 사진작가의 말은 내게 절망감을 안겨 주었다.

　"욕심도 많으세요. 그 나이에 예쁘길 바라다니요."

　'아니, 아무리 내가 나이가 많아도 그렇지. 꼭 그렇게 말해야만 하나?' 하면서 야속했지만 달리 대꾸할 말이 떠오르지 않았다. 게다가 그는 언행이 정확히 일치하는 사람이었다. 과연 내 얼굴을 찍는 내내 그의 눈빛이나 손놀림에서 어떠한 기대감도 읽을 수 없었다.

　얼마 후 나는 그 작업의 결과물을 손에 들고 던져버리고 싶은 유혹을 참느라 힘들었다. 적어도 전문가가 찍은 사진이라면 실물보다는 젊거나 예쁘게 나와야 하지 않은가?

그 뒤로 또 프로필 사진이 필요하게 됐을 때 지인으로부터 다른 스튜디오를 추천받았다. 그 지인의 사진이 실물보다 아름답고 느낌이 좋아서 칭찬을 했더니 그 스튜디오를 적극 추천해 주면서 인상적인 말을 하였다.

"그 작가는 일단 사람을 알아요. 사진을 찍기 전에 많은 이야기를 시켜서 어색함이 사라졌을 때 사진을 찍으니 자연스럽게 나오던데요."

과연 지인의 말이 맞았다. 촬영 전에 나는 사진작가와 차를 마시면서 이 얘기 저 얘기로 꽃을 피웠다. 알고 보니 뉴욕에서 왕성하게 활동하던 실력자였다. 그가 작업한 멋진 사진들을 보며 사진을 찍기가 어렵지 않은지 물어보았다. 그러자 그가 한 말이 가슴에 남았다.

"아뇨. 아주 쉬워요."

내가 되물었다.

"쉽다니요. 나는 막상 찍어보면 구도가 안 맞고 순간포착도 어렵고 하던데, 무엇보다 각도를 어떻게 잡아야 할지도 모르겠고."

그러자 그가 말했다.

"사람들은 자신이 얼마나 예쁜지 몰라요. 나는 알고 있는데 말이죠."

그러면서 작가가 모델을 보면서 아름답다는 생각으로 찍어야 사진도 예쁘게 나온다고 말했다.

과연 그의 말이 맞았다. 내 사진이 나왔을 때 깜짝 놀랐다. '저 사진 속의 아리따운 여인이 누구란 말인가?' 하면서. 과한 보정 작업을 하지 않았는데도 다른 스튜디오 사진과 달랐다.

그는 작업을 하면서 끊임없이 말을 시켰다. 긴장되는데 왜 자꾸 말을 시키느냐고 하니, 그래서 말을 시키는 거라고 했다. 내가 어색하면 사진도 어색하다고. 그가 말하기를 연예인과 작업할 때마저도 좋은 표정을 잡아내는 건 쉽지가 않다고 한다. 좋은 표정은 내면에서 우러나오는 자연스러움의 결과라고. 자신은 앵글로 충실히 담을 뿐이란다.

1시간 가까이 작업을 하던 중 한숨을 푹 내쉬면서 그가 잠깐 쉬자고 했다. 내가 왜 그러냐고 했더니 실제로는 내가 예쁜데 앵글 속에는 그렇게 담기지 않는다고 했다. 그러면서 나에게 무슨 걱정이 있느냐고 물었다. 그래서 최근 스트레스 받는 일이 있다고 답하자 차를 마시면서 조금 휴식을 취하라고 했다.

그는 마음이 어두우면 사진도 밝게 나오지 않는다면서 슬쩍 내 아이들에 대해서 물었다. 엄마라는 존재는 자식 이야기라면 늘 즐겁다. 나는 휴대폰에 있는 아이들 사진까지 꺼내 보이며, 자랑이랄 것도 없는 내용을 가지고 실없이 호호거리면서 수다를 떨었다.

그리고 사진 촬영을 다시 하게 되었는데 그가 연신 탄성을 질렀다.

"좋아요. 바로 그거예요. 역시 아이들 이야기를 하니까 다시 행복해지셨나 봐요."

그 뒤로도 "와, 진짜 멋지다. 예쁘다" 하면서 감탄을 했다. 내 나이에 그런 이야기를 들으니 오글거려 죽을 지경이었다. 하지만 그가 '예쁘다'라고 하는 말이 무슨 의미인줄 안다. 엄마라는 신분을 떠올리면서 가졌을 나의 자부심, 아이들을 사랑하는 마음이 절절이 드러나는 환한 미소, 그는 그걸 포착한 거다. 그는 내 마음을 찍고 있었다.

그 사진작가가 가르쳐준 것은 이것이다.

"모든 사람은 예쁘다. 하지만 안타깝게도 대부분 그걸 모르고 산다. 그 누구도 아닌, 자기 자신을 먼저 사랑해야 하는 것이다. 그러면 그 마음이 고스란히 얼굴에 드러나서 예뻐 보인다."

내가 나 자신을 싫어하던 때가 있었다. 그때는 남들도 나를 싫어했다. 나는 남들이 나를 싫어한 게 먼저라고 핑계를 대었다. 하지만 그럴 리가 없다. 굳이 남을 이유 없이 싫어하다니. 그렇다면 내가 나를 싫어하는 것을 남들이 어떻게 알아차릴까? 바로 얼굴이다. 사람의 얼굴이 얼마나 복잡한 곳인지, 또 중요한 곳인지 살면서 더욱 느끼게 된다.

대한민국 어느 누구라도 하루 종일 하하 호호 웃기만 하며 살기는 힘들다. 요즘 시대는 특히 젊은이들에게 가혹하다. 또 노인 빈곤율은 어떠한가? 하지만 이렇게 힘든 상황 속에서 그 누구도 아닌 나를 위해서, 내가 먼저 나를 사랑해야 한다는 걸 느낀다. 우리 모두 우울한 자신에게 미소를 지어주면 안 될까?

지구에서 단 하나뿐인
내 얼굴

내가 첫 책으로 《내 얼굴이 인생이다》를 냈을 때, 큰아버지에게서 전화가 왔다.

"네 책이 나온 것을 축하한다. 그런데 미안하다. 못 읽었어. 눈이 잘 안 보이거든. 녹내장이 심해서 한 달만 있으면 시력을 완전히 잃는단다. 앞으로는 네 얼굴을 볼 수가 없겠구나."

전화기를 잡은 내 손등 위로 소리 없이 눈물이 흘렀다.

'나를 예뻐해 주시던 큰아버지가 이제 내 얼굴을 못 보신다니…'

큰아버지는 우리 집안에서 큰 산 같은 존재였다. 누구에게나 꼭 필요한 덕담과 조언을 하고 자식들도 훌륭히 키워내신 분이다. 그런데 이제 그분은 앞에 있는 사람을 알아보실 수가 없다. 내가 울면서 이 사실을 얘기하니 우리 남편이 이렇게 말한다.

"그래도 당신이 누군지는 아실 수 있잖아. 우리 아버지는 조금 있으면 우리를 아예 못 알아보실 텐데."

말을 흐리는 남편의 낯빛이 어둡다. 현재 아버님은 치매 초기 증상을 보이고 계신다. 집안의 내력인 것 같다. 몇 년 전부터 아버님 형제 분들께서 차례대로 치매를 앓고 계신다. 아버님은 얼마 전부터 우리 얼굴을 헷갈려하신다. 남편 말이 맞는 것 같다. 눈으로 볼 수 없어도 우리가 누군지 알 수 있다는 건 얼마나 다행한 일인지.

사람을 알아본다는 것은 무엇을 말할까? 왜 '얼굴을 알아본다'라고 하는 것일까? 얼굴도 손이나 어깨처럼 신체의 일부분일 뿐인데 말이다. 우리가 보통 '사람을 본다'고 말하는 것은 다른 곳이 아닌 얼굴을 보는 것을 의미한다. 얼굴에는 중요 감각기관과 그 사람이 가진 고유한 것들이 담겨 있다.

지구상에는 수십억 명의 사람이 살고 있지만, 얼굴이 똑같은 사람은 단 한 명도 없다고 한다. 심지어 일란성 쌍둥이도 얼굴이 약간 다르게 생겼다. 얼굴의 어원이 '얼이 드나드는 굴'이라는 말이 있다. 얼은 그 사람이 가진 고유의 정신이므로 누구와도 같을 수 없을 것이다.

한 연구에 따르면 사람의 뇌에는 얼굴 인식을 담당하는 부위가 따로 있다고 한다. 사람은 눈 한 번 깜박이는 시간 정도만으로도 얼굴의 차이를 인식한다. 얼굴의 미세한 차이를 본능적으로 알아채는 셈이다. 얼굴의 차이는 어디에서 오는가? 과학적으로 분석한 결과 이목구비로

구별하는 게 아니다. 얼굴을 100개의 구간으로 나누어 수많은 조합을 만들어내는 방식으로 인식한다고 한다. 거의 무한대의 조합이 나오는 셈이다.

부모가 이혼하고 아빠랑 단둘이 살던 학생이 있었다. 하루는 나에게 하는 말이 아빠가 매일 늦게 들어와서 외롭고 살기 싫단다. 그래서 차라리 고아원에 보내주거나 안 그러면 자살하고 싶다고 말한 적이 있다. 그때 내가 해 준 말은 "너는 이 세상에 단 하나밖에 없는 소중한 존재란다. 자살이란 말을 함부로 하면 못 써"였다. 그랬더니 그 학생은 "나같이 키도 작고 못생긴 애들이 얼마나 많은데요"라고 했다.

그 학생은 아마 아이돌처럼 잘생겨야 특별하다고 생각한 모양이었다. 하지만 키가 작고 햇볕에 그을려 새까맣던 그 아이도 이 지구상에는 단 하나밖에 없는 한정품이다. 명품을 파는 상점에서 특별히 제작하는 한정품은 그 희소성 때문에 비싸지 않은가? 많이 만들어냈다면 비쌀 리가 없다.

각자의 얼굴이 유일한 데는 반드시 이유가 있지 않을까? 사람의 얼굴을 붕어빵 찍듯이 똑같이 만들어내지 않은 이유 말이다. 혹시 이 지구상에서 나만이 가진 소중한 임무가 있지 않을까? 남들은 해내지 못할 어렵거나, 독특하거나, 재밌거나, 힘든 일들이 내가 해야 할 사명일지 모른다. 나는 이 지구상에 단 하나뿐인 한정품이니 말이다.

나를 나로 보이게 하는
최후의 인증

　어릴 적 텔레비전 인기 프로그램들 중 〈육백만 불의 사나이〉와 〈소머즈〉라는 게 있었다. 사고로 신체 일부가 손상된 후 몸속에 특수 장치가 이식되면서 특별한 신체 기능을 갖게 된 사람들 이야기다. 그 드라마에서 특히 소머즈가 귀를 덮은 금발을 살짝 들어 올려서 미세한 소리를 듣는 동작이 멋있어 보였다. 그래서 여자아이들이 그 동작을 따라 하기도 했다. 남자아이들은 육백만 불 사나이의 팔뚝을 부러워했다. 그가 한 손으로 자동차를 번쩍 들어 올릴 때 얼굴을 찡그리는 모습이 멋져보였나 보다. 자기들도 그 표정을 따라하면서 플라스틱 의자를 들어 올리기도 했다. 그때는 그런 사람이 있다는 상상만으로도 사람이 신이 된 것 같은 기분이 들었다.

　영화나 만화에 나온 내용이 몇십 년 뒤에는 현실이 되기도 한다. 두바이에서 열렸던 경제 고위급 인사들의 회의에서 테슬라의 CEO

인 엘론 머스크(Elon Musk)가 폭탄 발언을 한 적이 있다. 인공지능이 광범위하게 활용되는 시대가 오면 인간이 쓸모없어지게 될 것이니 기계와 결합해 인간의 능력을 강화해야 한다는 것이었다. 그의 말대로라면 우리들 모두 소머즈나 육백만 불의 사나이가 되어야 한다는 말인가? 그렇게 되면 그 비용은 육백만 불보다 쌀 것이다. 공동 구매로 신청하게 될 테니 말이다.

이처럼 신체 기능을 강화시킨 사람을 '강화인간'이라고 부르기도 한다. 강화인간의 절정은 아마도 뇌의 기능 향상일 것이다. 뇌 기능이 향상된다면 어떻게 될까? 알파고의 인공지능을 사람에게 장착한다면? 기술의 발달과 관련하여 이런 의문이 든다. 그럴 경우 어디까지가 사람이고, 어디까지가 사람의 생각이라고 할 수 있을까?

그러나 아무리 생각해도 얼굴만은 양보할 수가 없다. 소머즈나 원더우먼, 육백만 불의 사나이도 사람의 얼굴을 갖고 있다. 힘이 세어지고 귀가 잘 들리고, 마치 기차처럼 빠르게 달려도 사람이라고 쳐줄 것 같다.

만약 팔다리가 없는 사람에게 로봇 팔이나 다리를 이식할 때 기능을 향상시킨다면 어떻게 될까? 그때는 평균적인 운동신경이나 근력 이상으로 기능을 넣지 않는다는 규정이라도 만들어야 할지 모른다. 신체의 일부분을 강화시키면 영화에서처럼 빌딩을 기어오르고 하늘을

휠휠 날아다니고 손에서 뭔가 튀어나올 수도 있을 것이다. 그런데 스파이더맨이나 아이언맨, 또는 배트맨이 되어 얼굴이 가려진 상태라면 아무리 '맨'자가 붙어도 사람같이 보이지 않는다. 다른 건 몰라도 얼굴은 '사람 인증'의 최후 보루가 아닐까?

육백만 불의 사나이도 소머즈도 사실은 호감이 가는 얼굴 때문에 인기를 끌었다. 아무리 힘이 세더라도 헐크 같은 얼굴이 되고 싶어 하는 사람은 없을 것이다. 신체의 기능이 강화되어도 사람 얼굴이 아니라면 그저 기계일 뿐이다. 앞으로 점점 더 얼굴만은 인간적인 사람이어야 인기를 끌지 않을까 생각해 본다.

얼굴이 참
좋은 사람

유난히 날씬한 한 여배우가 있다. 평소 부러워했는데 얼마 전 알게 되었다. 그 여배우가 원래 뚱뚱했다는 것을. 다이어트와 운동 등 피나는 노력 끝에 날씬한 몸매를 얻게 되었다고 한다.

예전에는 날씬한 비결을 물으면 이렇게 말하는 연예인이 더러 있었다.

"원래 아무리 많이 먹어도 살이 안 찌는 체질이에요."

그런 말을 들은 일반 뚱보들의 심경은 어땠을까? '난 저주받은 몸인가 보다. 부모님은 나를 왜 이렇게 낳아주셨을까?' 하고 좌절했을 것이다. 도움이 안 되는 말이다. 이런 잔인한 대답이 사라진 이유는 아마도 인터넷 댓글 때문이 아닐는지…. 요즘은 사람들의 심리가 댓글에 즉각적으로 표현된다.

그러나 한번 생각해 보자. 자신의 노력 없이 이루어지는 것들에 기뻐하는 것이 옳은 일일까? 그렇다면 "얼굴이 참 예쁘시네요"라는 칭찬의 내용을 들여다보자. 외모는 그 사람이 노력한 부분이 아니다. "근육이 멋지네요"라고 말하는 것과는 다르다. 자신이 식이요법과 운동을 열심히 해서 가꾼 부분에 대해서는 칭찬할 만하다. 하지만 아무리 해도 타고난 부분이라면 어쩔 수 없는 경우가 있다.

예를 들어 "다리가 참 기네요"의 경우, 몸매 비율은 거의 타고나는 부분인데 어쩌라는 말인가? 아니면 '얼굴이 참 작다'라든가, '눈이 참 크다', '코가 참 높다'라는 말을 한다. 외국에서는 그런 말을 대놓고 하는 것이 실례라는 이야기를 들은 적이 있다. 내가 노력한 부분이 아닌 단순히 타고난 부분을 그 사람 앞에서 칭찬하는 것은 별 의미가 없다.

같은 얼굴에 대한 말이지만 이런 말은 어떠한가?

"얼굴이 참 좋으시네요."

이 말은 단순히 이목구비가 예쁘게 생겼다는 말이 아니다. 반듯하고 밝은 성품이 반영되어 얼굴에서 긍정적인 기운이 느껴진다는 뜻이다. 인상이 좋은 사람에게 주로 쓰는 말이다. 이런 말을 듣는다면 나이가 몇 살이든 상관없이 성공적인 삶을 살고 있다고 해야 할 것이다. 그는 행복한 사람임에 틀림없다.

'금수저'라는 말은 칭찬일까? 운 좋게 금수저로 태어났다고 해서 다 성공하리라는 보장은 없다. 예전에 한 연기파 남자 배우가 인터뷰

한 말이 인상적이었다. 그는 유명한 배우의 아들로 아버지 덕분에 성공한 것이 아니냐는 항간의 오해에 대해 "자신은 오랜 무명 시절을 거쳐 피나는 노력 끝에 성공한 것"이라고 말했다.

부모가 유명한 것은 도움도 되지만 오히려 더 힘든 부분도 있다. 자신이 아무리 노력을 해도 부모님 덕이라는 소리를 들을 수 있기 때문이다. 사실 부모님이 유명하다고 해서 다 잘되는 것은 아니다. 우리나라에는 연예인 2세가 많다. 그러나 결국은 실력이 있어야 성공한다.

나도 예전에는 금수저 친구들을 부러워했다. 그 친구들의 얼굴은 좋은 영양 상태 때문인지 얼굴이 늘 우윳빛을 띠고 피부가 반들반들했다. 그런 친구들을 보고 있자면 나는 왜 저런 부모님 밑에서 태어나지 못했는지 속이 상했다. 나보다 공부를 못해도 부티가 나는 얼굴을 가지고 있다는 것이 그저 부러웠다.

지금 생각해 보면 부티가 나는 얼굴이 뭐가 어쨌다는 건지 모르겠다. 사실 자식의 '부티'는 부모님의 노력에 대한 대가다. 내가 칭찬받거나 부러움을 받을 일이 아닌 것이다. 시간이 많이 흐른 후에는 자신의 노력만이 자기가 가질 수 있는 '칭찬 몫'이 된다. 오히려 부모님이 성공한 경우, 부모만 믿고 자식이 방탕하게 생활하는 사례도 많다. 상하이에 있을 때 한국인이 외국 사람들에게 크게 비난받은 일이 있다. 한국의 대기업 자제들이 택시 기사와 승객을 폭행했는데 승객들 중에는 임산부도 있었다. 이 사건은 죄질이 나빠서 상하이 사회에서 크게 비난을 받았다.

좋은 얼굴을 갖는 데에 부모의 재력이나 배경은 별로 상관이 없다. 오롯이 자신의 삶이 자신의 얼굴에 그대로 새겨질 뿐이다. 20대 이후에는 자기가 자신의 얼굴을 디자인하는 셈이다.

'나는 이런 얼굴의 사람이 되고 싶다. 그러면 어떻게 살아야 하는 거지?'

이와 같은 마음이 든다면 나이가 더 들기 전에 "얼굴이 참 좋으시네요"라는 소릴 듣도록 계획하면 어떨까?

 인상이 좋은 얼굴의 특징

1. 입꼬리가 가장 중요하다. 강력히 중력에 대항해야 한다. 무조건 위로 올릴 것!
2. 눈꼬리는 아래를 향하면 좋다. 나이가 들면 눈 주위에 까마귀 발 모양의 주름이 생긴다.
3. 피부 결보다 피부 톤이 더 중요하다. 남녀 불문하고 피부를 화사하게 가꿀 것.
4. 양미간에 주름이 없어야 한다. 특히 미간에 있는 굵은 세로 주름은 위엄과 2종 세트 메뉴. 조급한 성격으로 보인다.
5. 심술보가 없고, 볼과 턱에 적당히 살집이 있어야 한다.

사람은 얼굴로도
말을 한다

딸이 어릴 때 일이다. 공원에 앉아 있는데 어떤 할머니가 다가와서 말을 걸으셨다.

"이름이 뭐니?"

우리 딸이 자기 이름을 대답했다. 그러자 "그럼 성은?" 하니까 우리 딸이 아무 말도 하지 못하고 가만히 있었다. 그러자 할머니가 하시는 말씀, "요즘 애들은 성이 뭔지, 이름이 뭔지 구분을 못해. 그래서 성을 따로 가르쳐야 한다니까. 쯧쯧."

그런데 공원을 나올 때 딸이 말했다.

"엄마, 나 사실 성이 뭔지 알아. 근데 귀찮아서 대답 안 했어."

그래서 내가 뭐냐고 물어보니, 딸아이가 이렇게 대답했다.

"응. 그건 공주들이 사는 곳이야."

우리 딸이 그 당시 푹 빠져 있던 명작 동화의 내용은 죄다 공주들이야기뿐이었다. 자연히 아이의 머릿속에는 온통 공주들이 차지하고 있었다. 그러니 성을 공주들과 연관시켜 말한 것이다.

말은 그 사람이 늘 생각하는 것이 튀어나올 수밖에 없다. 우리 딸은 그 당시 물건을 사도 공주 그림이 있는 것만 사고, 밥을 먹을 때에도 공주처럼 우아하게 먹었다. 걸음을 걸을 때도 치마를 들어 올리고 공주가 걷듯이 걸었다. 엄마가 전혀 왕비 같지 않음이 안타까울 뿐이었다.

요즘 아이들은 욕을 참 잘한다. 나쁜 행동을 고치려고 할 때 다른 것은 금방 고쳐지는데 언어 습관은 잘 고쳐지지 않는다. 언어는 자신이 의식하지 못하는 순간까지도 자신을 지배하는 듯하다. 별생각 없이 말을 할 때는 늘 생각하고 있는 것이 튀어나오는 것이다.

욕을 하는 아이들은 어휘력이 빈약하다. 평소 책을 읽지 않으니 고급 어휘를 접할 수가 없어서 표현력이 떨어진다. 문장이 잘 구성되지 않아 대부분을 욕으로 대신하는 것이다. 말은 그 사람의 인격을 음성으로 표현하는 것과 같다. 그러면 한 사람의 인격을 눈으로 확인하려면 어딜 봐야 할까? 바로 얼굴이다.

욕을 하는 아이들의 표정을 보면 입꼬리가 내려와 있고 삐죽이는 듯한 인상을 하고 있다. 반대로 고운 말을 하는 학생들은 입꼬리가 올라가 있고 눈매가 순한 편이다. 사람은 얼굴로도 말을 하는 셈이다. "나는 고운 말을 써요" 아니면 "나는 거친 말을 써요"라고 말이다.

한 사람의 얼굴과 말은 항상 붙어 다닌다. 언어 습관을 바꾸면 얼굴 표정이 달라지는 경험을 하곤 한다. 상하이에서 사업을 하던 때의 일이다. 중국어에는 성조가 있어서 그런지 조선족들이 한국말을 할 때 거칠게 들리는 편이다. 그런데다가 중국인들이 무표정한 편이라 오해받기 십상이었다. 예를 들면, 한국 회사 고객들이 나에게 불평을 했다. 직원들이 불친절하고 전화 응대를 제대로 못한다는 것이다.

한국 주재원들은 중국에 온 지 얼마 안 되어 그럴 수도 있다. 하지만 고객의 불평을 듣고 가만히 있을 수만은 없었다. 그래서 직원들에게 친절하게 말할 수 없느냐고 했지만 그게 하루아침에 될 일이 아니었다.

결국 보너스로 동기를 부여하기로 했다. '미소 수당'이라는 건데 항상 미소를 짓고 말하면 보너스를 주겠다고 말했다. 그랬더니 여직원부터 조금씩 달라지는 게 보였다. 미소를 짓다 보니 말도 친절하게 하기 시작했다. 얼굴 표정과 말은 별개가 아니었던 것이다. 미소를 지으면서 욕을 하기는 쉽지 않다. 마찬가지로 인상을 쓰면서 사랑한다고 말하기는 어렵다.

얼굴 표정과 말은 모두 같은 곳, 즉 머릿속에서 출발하기 때문이다. 우리의 생각은 말이라는 소리로, 표정이라는 모습으로 나온다. 생각이 옷을 입은 것이 얼굴이다. 그 사람의 얼굴을 보면 어떤 생각을 하는지 짐작할 수 있는 것은 이 때문이다. 어떤 생각을 하는지 안다는 건 또한 어떤 언어 습관을 가졌는지 짐작해 볼 수 있는 기준이 된다.

좋은 그릇에 담으면 음식이 더 맛있어 보인다. 우리 얼굴은 마치 그릇과 같다. 그 그릇에 좋은 생각을 담자. 그러려면 우선 독서나 사색 등을 해야 할 것이다. 음식의 재료인 생각이 좋아야 하니 말이다.

인상의 변화,
인생의 변화

링컨하면 턱을 덮는 수염이 떠오른다. 그런데 링컨은 50세가 되기 전에는 수염을 기르지 않았다고 한다. 그는 한 소녀의 편지를 계기로 수염을 기르게 되었다. 선거에서 번번이 지던 링컨에게 한 소녀가 편지를 보냈다. 편지 내용은 링컨의 볼에 주름이 많고 살이 없어서 인상이 날카로워 보인다는 것이었다. 그러니 수염을 기르면 훨씬 부드러워 보일 것이고 여자들은 수염 기른 남자를 좋아하니, 여자들이 남자들에게 링컨을 찍을 것을 권유할 거라는 내용이었다.(당시 미국 사회에서는 여자에게 투표권이 없었다.)

링컨은 이 편지를 받고 무시했을까? 아니다. 그는 어린 소녀의 말이 일리가 있다고 생각해서 이를 실행하기로 한다. 게다가 소녀에게 고맙다는 답장까지 보낸다. 이후 수염을 기른 링컨의 이미지는 부드럽게 바뀌었고, 39.8%의 지지를 얻어 미국 16대 대통령에 당선된다. 인상이 나쁜 사람이 인상 좋아지는 방법을 써서 성공한 경우다. 인상 하나로 인생이 크게 바뀐 것이다.

내가 디자인 회사에 다닐 때 일이다. 지금은 컴퓨터로 그리지만 그 당시엔 모든 도면을 손으로 일일이 그렸다. 그때 같은 회사에 도면을 잘 그리는 남자 직원이 있었다. 대학을 나오지는 않았지만 유학 갔다 온 직원보다 디자인 감각이 더 뛰어났다. 그런데도 도면을 들고 프레젠테이션을 하는 미팅에는 그 직원이 가지 못했다. 직업적인 능력에 비해 승진이나 대우도 미흡해 보였다. 학벌 때문이기도 했다.

나중에 알게 된 사실은 그 남자 직원의 옷차림이나 헤어스타일 등이 디자이너 같지 않다는 반응 때문이라는 걸 알게 되었다. 실력 부분에 있어서 잘 알지 못하는 일반인들을 대상으로 할 때는 특히 심했다. 반면에 실력은 없지만 감각적으로 꾸미고 다니는 직원들은 공사를 잘도 따냈다. 그런 직원들은 고객들이 그 분야의 전문가로 대우하니 함부로 설계를 변경하지도 않았다. 젊을 때는 그런 현실에 화가 났다. 하지만 나이가 들어서는 이해가 된다. 사람은 겉으로 보이는 이미지에 현혹되는 존재인 것이다. 누구나 광고를 보고 물건을 구매한 후 막상 써보면 광고 속 이미지와 다르다는 것을 알게 되어 후회하지만 이미 늦은 것이다.

다시는 이미지에 속지 말자 하면서 사용 후기를 꼼꼼히 살펴본 후

상품을 구매한다. 그러나 그 사용 후기도 조작한 글이라는 사실을 알게 되는 경우가 있다. 그렇다고 모든 상품을 일일이 써보기에는 너무 많은 상품이 존재한다. 결국 광고나 이미지에 의존한 소비를 하게 된다.

물론 실력은 없이 멋만 부린다고 다 인정받을 수 있는 것은 아니다. 결국엔 실력이 있고 이미지도 좋은 사람이 가장 좋은 성과를 얻는다. 실력은 있는데 이미지가 부족하면 그걸 메우는 센스가 필요할 뿐이다. 마침내 시간이 흐른 후 우리 회사에서 촌스럽지만 일을 잘하던 남자 직원은 나중에 회사 사장이 되었다. 전보다 세련되어진 것은 물론이다.

이미지만 가꾸고 내용이 없는 사람은 금방 들통나게 되어 있다. 링컨이 대통령이 된 이유가 단지 수염을 길러 이미지를 부드럽게 한 것 때문일까? 링컨이 소녀에게 쓴 편지를 보면 그 답이 나온다.

"이 수염은 널 위해 기른 거란다. 날 생각해 편지까지 보내준 네 마음을 잊지 않을게. 고맙다."

미국 대통령들 중 가장 위대한 대통령으로 칭송받고 있는 링컨 대통령. 그 비결은 자신을 낮추고 남에게 귀를 기울이는데 있었다. 그런 사람은 링컨처럼 의외의 보물을 건져 올릴 수가 있다. 대통령에 당선된 이유가 단순히 수염 하나 바꾼 것 때문만은 아니라는 말이다. 대통령 후보가 어린 소녀의 편지 한 장을 보고 수염을 기른 결단, 그런 열린 사고가 그를 대통령으로 만들었다.

　항상 귀를 열고 다른 사람의 의견을 경청하는 사람이 되어야겠다. 그런 사람은 링컨처럼 '40세 이후에는 자신의 얼굴에 책임을 져야 한다'라고 자신 있게 말할 수 있지 않을까?

표정만으로도
행복하게 하는 사람

알렉 볼드윈과 맥 라이언이 주연을 맡은 〈남자가 사랑할 때〉라는 영화가 있었다. 맥 라이언이 알코올 중독자로 나왔는데 한 장면이 유독 기억에 남았다. 부인은 남편이 자주 출장을 가는 바람에 외로워서 알코올 중독에 빠지게 된다. 이 부인을 헌신적으로 보살피는 남편이 아이들에게 하는 대사가 있다. "엄마는 수천 가지 표정으로 우리를 행복하게 했지."

그러나 알코올 중독으로 마음이 피폐해진 부인은 이제 무표정하거나 사나운 표정만을 짓는다. 남편은 '요리를 잘했었지. 아니면 얼굴이 예뻤지'와 같은 생각을 하는 것이 아니라, 행복했던 부인의 표정을 그리워하는 것이다. 이렇듯 사람의 표정은 위안과 기쁨을 준다.

때론 마음을 표현하는 것이 서툴러서 오해를 받기도 한다. 학교에서 말하기 대회가 개최되었다. 내가 심사위원을 맡게 되었는데, 우리 반 아이가 출전했다. 나는 맨 앞에 앉아 그 학생이 평소 연습한 것을 제대로 발휘하는지 열심히 체크했다. 그런데 정해진 시간을 너무 초과하는 게 보였다. 자연스레 내 표정은 일그러졌고, 시간이 지연되었음을 알려주고 싶었다. 그런데 어린 학생이 내 의도를 알 수가 없었나 보다. 오히려 당황하다가 마무리를 잘하지 못하고 내려오고 말았다.

그날 나는 학부모로부터 항의성 전화를 받아야 했다. 내 표정이 너무 좋지 않아서 긴장한 나머지 아이가 실력을 발휘하지 못했다는 것이다. 시간이 초과되었다는 것을 알려주려 했다고 어필했지만 이미 소용없는 일이었다. 차라리 온화한 미소를 짓거나 무표정이었으면 시간은 넘길지언정 끝까지 잘하고 내려왔을 텐데 말이다.

이처럼 사람의 표정이 주는 효과는 크다. 앞으로 로봇이 기능적인 면에서 사람의 일자리를 대신한다 하더라도 사람의 표정만은 따라 하기 힘들 것이다. 사람의 마음과 연결된 얼굴 표정의 신비 말이다.

예를 들면 이런 식이다. 아침에 엄마가 학교에 가야 하는 아이를 깨운다. 아무리 깨워도 일어나지 않자 엄마가 소리를 지르면서 이불을 휙 젖힌다. 그때 비로소 일어난 아이가 엄마 얼굴을 보게 된다. 그때 화남과 걱정스러움이 60 : 40으로 적당히 섞인, 엄마의 표정을 보고서야 사태를 알아챈다.

로봇은 어떤가? 빨리 일어나라고 소리를 지르고 이불까지는 젖힐 수 있지만 적당한 비율의 미묘한 표정까지는 지을 수가 없다. 그러면 아이는 아마 다시 이불 속으로 들어가 버릴 것이다.

지난 해 미국의 트럼프 대통령이 내한했을 때 영부인 멜라니아 여사의 미소가 화제였다. 원래 잘 웃지 않는 것으로 유명해서 영부인 로봇설까지 있었을 정도인데, 우리나라 청소년들이 아이돌 스타에 환호하듯 자신을 환영하는 모습에 활짝 웃는 얼굴을 보여준 것이다. 그 뒤로 우리나라 국민들의 영부인에 대한 호감도가 쑤욱 올랐다고 한다. 때론 얼굴 표정이 주는 메시지가 여러 마디의 말보다 사람의 마음을 더 크게 움직이는 것 같다.

내가 지금까지 만나본 행복하고 인격이 훌륭한 사람들은 그들만의 특징이 있다. 바로 인상이 부드럽고 표정이 풍부하다는 것이다. 마음이 잘 갈무리되어 있고 풍요롭다는 증거다. 우리의 얼굴은 어쩔 수 없이 내면을 드러내기 때문이다. 무의식적으로 찍힌 스냅 사진들을 보면 그때 무슨 생각을 하고 있었는지 짐작이 된다.

나를 매일 보는 가족을 생각해 보면 반성이 된다. 무심코 얼굴을 찡그릴 때마다 가족들이 얼마나 불편했을까? 반대로 미소 짓는 사람들과 함께하는 일상은 행복하다. 이처럼 표정 하나만 바꿔도 인생이 아름다워질 수 있다.

때론 무표정이
감동을 준다

흔히 표정이 풍부해야 좋은 인상이라고 생각한다. 하지만 때로는 무표정에서 감동이 느껴질 때가 있다. 나는 결혼식에 갈 때마다 신부 측 아버지 얼굴을 관찰하곤 한다. 그때 신부 측 아버지는 대개 무표정하다. 그 무표정이 나는 더욱 슬프다.

대부분의 아버지들은 딸 바보이다. 집에서 매일 보던, 눈에 넣어도 안 아픈 딸이 오늘 저녁부터 우리 집으로 안 들어온다는 것. 그것처럼 허전한 일이 있을까? 엄마는 평소 딸과 서로 티격태격하기도 하고, 시집 안 간 딸이 늦은 나이까지 같이 살면 불편하게 느낀다. 하지만 아버지는 딸이 아무리 나이를 먹었어도 그저 귀여운 어린 시절의 딸로 보이나 보다.

결혼식이 끝나고 집에 와서는 식사도 적게 하고 담배만 피우시곤 한다. 뭐든 속으로 삭히기만 하는 이 땅의 아버지들.

무표정은 절제력의 상징이기도 하고, 역설적으로 많은 표정을 담기도 한다. 간혹 무표정하면서 감동을 주는 사람들이 있다. 나는 오디션 출신 가수들을 종종 응원하는데, 정승환이라는 가수를 특히 좋아한다. 계기가 있었다. 그 가수는 세월호 사건이 일어난 지 얼마 안 된 시점에 등장했다. 슬픔에 빠져 지내던 어느 날 우연히 텔레비전을 보는데, 한 남자 고등학생이 나왔다. 머리는 이마를 수북하게 덮었고, 여드름이 빼곡한 얼굴에 분위기가 무척 어두워 보였다.

특히 교복을 입고 등장한 것부터가 남달라 보였는데, 밑에 자막으로 그가 사는 지명이 나오고 있었다. 안산이라고 쓰여 있었다. 특히 첫 노래가 〈지나간다〉였는데 세월호로 입은 슬픔이 위로되는 경험을 했다. 나는 안산 단원고 학생인가 보다 하고 지레짐작을 하여 속으로 세월호에서 살아남은 학생이거나 같은 학교 학생일거라고 생각했다.

그러나 한참 나중에 거주지가 안산이 아니라 인천이었다는 것을 알게 되었다. 그 당시 내 눈은 노안이 신행되던 터라 자막 글씨를 잘못 본 것이다. 그리고 그의 성격이 어둡다기보다는 신중하고 진지하다는 걸 알게 되었다. 말이 많은 연예계 생활에서 자신의 감정을 절제할 줄 안다는 건 대단한 장점이다. 반면에 그는 노래를 부를 때 매우 섬세한 표정을 지어서 감동을 준다.

송강호나 이병헌 같은 대배우들도 무표정의 대가이다. 그들은 극도의 슬픔을 표현할 때 매우 섬세한 표정 연기를 한다. 연기를 배운 사람에게 들었는데, 동작을 크게 하는 건 쉽단다. 하지만 절제된 동작과 표정으로 감정을 표현하는 게 무척 어렵다고 한다. 그건 고수들이나 할 수 있다고.

혹시 우리는 자기 감정을 함부로 드러내고는 자신은 뒤끝이 없는 사람이라고 자기합리화하고 있지는 않은가? 그건 뒤끝이 없는 게 아니라 품격이 없는 게 아닐까? 수시로 얼굴이 울그락불그락하는 사람들이 있다. 그런 사람은 감정을 조절하지 못하는 사람이다. 적당히 절제할 줄 아는 사람은 그것이 인격이 되어 온화한 표정으로 나타난다.

가끔 은행이나 식당 등에서 나이 지긋한 아저씨들이 소리치고 화내는 장면을 볼 때가 있다. 그들이 절제된 마음과 또 그것이 표현된, 부드러운 표정을 짓는다면 대한민국이 지금보다 더 품위 있어지지 않을까?

표정이 만들어지는
다섯 가지 유형

표정은 하루아침에 만들어지는 것이 아니다. 순간의 표정이라도 자주 지으면 축적이 되어 그 쪽 근육이 강화되고 특정 주름이 만들어진다. 표정을 짓고 주름이 만들어지는 방식은 사람마다 다르다. 크게 다섯 가지로 구분해 보았다.

첫째, 시층형이다. 마치 세월이 흐르면서 차곡차곡 흙더미를 앉히듯, 얼굴에 그 동안의 흔적을 남기는 형이다. 가감 없이, 슬픈 일은 슬픈 일대로 기쁜 일은 기쁜 일대로 자신의 얼굴에 쌓는 것이다. 이들은 스트레스를 푸는 자신만의 비결도 없고, 좋은 일을 기회로 삼아 더 큰 발전을 모색하는 면도 부족하다.

한 직업에 오래 몸을 담으면 그 직업의 창으로 사람을 보는 능력이 생긴다. 지인은 구두 가게에서 오랫동안 구두를 팔았다. 그는 고객이

가게 안으로 들어오면 그 사람의 나이, 직업, 결혼 유무 등이 한눈에 보인다고 했다. 그래서 그 사람이 좋아하는 스타일의 구두를 가격대까지 정확하게 집어서 가져다준다. 고객이 맘에 들어 하는 건 물론이다. 그런 영업 실력 덕분에 매출 실적이 가장 높았고 누구보다 승진을 빨리하게 되었다.

직업이 눈에 보인다는 건 무엇을 보고 판단하는 것일까? 말투, 옷차림이나 헤어스타일 등 여러 가지가 있지만 표정 내지는 인상이 차지하는 비중이 상당히 높다. 얼굴에서 그 사람의 연륜과 사고방식 등이 보이는 것이다.

지층형인 사람은 이 부분이 여실히 드러난다. 하지만 지나치게 직업의 세계에만 의존하는 삶은 아닌지 우려가 된다. 한 유명 소설가가 말했다. 한눈에 무슨 직업인지 드러나는 사람은 좀 서글프다고. 요즘의 '워라밸(일과 일상이 균형 잡힌 삶)' 개념이 필요한 순간이다.

둘째, 스캔형이다. 이들은 현재 일만을 얼굴에 그대로 보여준다. 아이같이 순수한 사람에게 많은데 지난 일들이 감이 안 잡힌다. 늘 해맑거나 우울하거나 둘 중 하나이다. 이런 사람은 조울증을 앓을 확률이 높다.

자신의 감정을 통제하지 못하는 사람은 즐거움과 슬픔을 조율하지 못 한다. 그러니 얼굴에 고스란히 드러나는 것. 젊은이들 중엔 이런 형이 많다. 하지만 나이가 들어서도 그렇다면 나잇값 못 한다는 소릴 듣게 된다. 기쁠 때 지나치게 붕 뜨지 않고 힘들 때 그 힘듦을 승화시킬 줄 아는 사람에 비해 인상이 좋지 않을 확률이 높다. 자신을 잘 다스릴 필요가 있다.

셋째, 배합형이다. 마치 좋은 일과 나쁜 일을 골고루 잘 배합한 밀가루 반죽 같은 얼굴이다. 이런 사람들은 전체적으로 좋고 싫고가 분명하지 않고 얼굴에서 뚜렷한 개성이 느껴지지 않는다. 두루뭉술하게 사는 타입.

이런 사람과 같이 있으면 일단 지루하다. 익명성 인생을 사는 것 같다. 어디서든 튀지 않으려고 하고 자신의 견해가 없다. 매스컴을 맹신하는 경향이 강하고 무사안일주의가 깔려 있다. 자신만의 세계를 만들려는 노력이 부족해서 중년 이후에는 고독할 확률이 높다.

특별히 고난이 없는 인생이지만 이 지구별에 태어난 이상 무언가 하나는 뚜렷이 해 놓고 가야 하지 않을까? 자신만이 가진 재능을 활용해서 남에게 베풀 필요가 있다. 이런 사람은 인상이 좋지도 나쁘지도 않지만 같이 있고 싶지는 않다.

넷째, 튜닝형이다. 일명 '내 얼굴 위의 지우개'형. 이들은 성형을 너무 많이 해서 과거가 잘 보이지 않는다. 다만 돈이 많이 들었겠다거나,

아니면 외모를 중시하는 직업인가 정도만 짐작될 뿐이다. 중년을 넘어선 여배우 중에 이런 얼굴이 있다. 과거 분명히 청순가련형 여배우였는데 지금은 인상이 그다지 부드러워 보이지 않는다. 세월의 흔적이 스민 자연스러운 주름살이 사라졌기 때문이다.

그 세월의 흐름 속에서 지우고 싶은 과거가 있었을 수도 있다. 하지만 그것도 자신의 인생이다. 모두 받아들이고 대신 아름답게 승화시킬 수는 없었을까? 나이를 거꾸로 먹는다는 말이 과연 칭찬일까? 그렇지 않다. 나이를 먹는다는 것은 경험이 쌓인다는 것이다. 그것은 인자해 보인다는 뜻으로 들려야 하지 않을까? 나이를 거꾸로 먹고 싶어서 얼굴을 잡아당기고 평평하게 편다는 건 과거를 부정한다는 생각이 든다.

다섯째, 회복형이다. 한마디로 인상이 편안하고 즐거워 보이는 '표정 부자'에게 많다. 이런 사람은 '인상이 좋다'는 말을 자주 듣는다. 좋은 일은 기회를 잘 활용해서 행복을 극대화하고, 나쁜 일은 전화위복으로 삼아 자신을 반성하고 발전하는 계기로 삼는다. 세상의 어떤 일도 쓸모없는 일은 없다는 초긍정주의자.

이들은 자신이 지향하는 인생의 목표가 있고 원하는 인간상이 있다. 그래서 힘든 일을 만나면 이내 그 힘듦 속에서 교훈을 얻어낸다. 또 기쁜 일을 만나면 지나치게 들뜨지 않도록 중심을 잡을 줄 안다. 곧

바로 회복하는 '탄력성'을 지니고 있는 것이다. 이런 사람은 얼굴 표정이 안정되어 있다.

자신을 모함하는 사람에게도 화내지 않고, 자신을 지나치게 추켜세워도 평정심을 유지할 줄 안다. 젊은 나이에 이런 사람을 찾기는 쉽지 않다. 하지만 어느 정도 나이가 들고 나면 작은 일에 일희일비하지 않는 것이 얼마나 중요한지 깨닫게 된다. 이런 지혜를 실천하는 사람들은 대개 인상이 매우 편안하고 맑은 기운이 뿜어져 나온다. 심성이 늘 안정된 기조를 유지하기 때문이다.

나는 평생 두 번째 스캔형에 가까웠다. 그래서 내 직업을 알아맞히는 사람이 별로 없었다. 하지만 얼굴에 관심을 갖게 되면서 다섯 번째 유형의 얼굴이 되려고 부단히 노력하고 있다.

가장 부러운 건 날 때부터 다섯 번째 타입으로 살아가는 사람이다. 부모님이 늘 편안한 인상을 하고 있고 적절한 조언과 동기유발을 해주시기 때문이다. 그런 친구가 한 명 있는데, 인상이 참 편안해서 부럽다. 조금 늦었지만 나는 지금부터라도 회복형 인상을 가지려고 노력하고 있다.

표정이 만들어지는 다섯 가지 유형

첫째, 지층형: 지금까지 살아온 일들이 차곡차곡 쌓여 있는 수동적인 사람.

둘째, 스캔형: 현재의 일만을 얼굴에 그대로 보여준다. 아이같이 순수한 사람에게 많다.

셋째, 배합형: 두루뭉술하게 사는 타입. 이런 사람과 같이 있으면 일단 지루하다.

넷째, 튜닝형: 나이를 거꾸로 먹고 싶어서 얼굴을 잡아당기고 평평하게 펴서 좀처럼 과거가 잘 보이지 않는 사람.

다섯째, 회복형: 인상이 편안하고 즐거워 보인다. 세상의 어떤 일도 쓸모없는 일은 없다는 초긍정주의자.

행복 부자가
되는 법

가난과 사랑은 숨길 수가 없다고 한다. 특히 사랑은 말투와 표정으로 다 드러난다. 그중에서도 자식에 대한 사랑은 특별하다. 비교적 늦은 나이에 첫 아이를 낳았다. 그래서인지 눈에 넣어도 안 아플 정도였다. 그렇게 매일 끌어안고 살다보니 혼을 내지 않아 아이의 나쁜 습관을 고치기가 힘이 들었다.

이느 날 아이가 말을 안 들어서 혼을 내리라 마음먹었다. 그래서 허리에 손을 얹고 엄숙한 목소리로 말해 보았다. 그래도 별로 무서워하지 않았다. 이번엔 "그렇게 엄마 말을 안 들으면 미워할 거야"라고 말하였다. 그때 우리 딸이 턱을 치켜들고는 이런 말을 했다.

"그래 봤자 소용없어. 어차피 다 아는 걸? 엄만 날 사랑한다는 걸 말이야."

아무리 혼을 내도 딸을 사랑하는 표정만은 숨길 수가 없었던 모양이다. 그날도 딸을 혼내는 일은 수포로 돌아갔다.

가난을 숨길 수가 없다는 말은 남루한 행색이 티가 난다는 말이다. 하지만 가만 보면 이것은 표정에도 해당할 수 있다. 자신이 가난하다는 마음은 표정을 지치게 한다.

사랑이 주관적이듯이 가난이나 부도 주관적이다. 내가 아는 어떤 부자는 돈이 없다는 말을 달고 산다. 왜 그렇게 말하느냐고 하니 자신이 원하는 큰 빌딩을 살 수가 없으니 자신은 가난하단다. 반대로 내가 아는 한 노부부는 형편이 넉넉지 않아도 베풀고 사신다. 자신보다 더 가난한 사람들을 향한 연민 때문이다.

이처럼 가난과 부는 자신이 바라보는 시각에 따라 다르게 해석할 수 있다. 한 강연가는 부자와 가난한 사람의 기준을 이렇게 설명했다. 자신이 생각하기에 돈이 부족하다고 느끼면 가난한 사람이고 충분하다고 느끼면 부자라는 것이다. 이는 행복의 관점에도 적용된다. 즉, 자신의 환경에 만족하고 감사하면 행복한 삶이고, 불만족하면 불행한 삶이다.

그렇다면 자신이 스스로의 삶을 어떻게 바라보는지 무엇으로 알 수 있을까? 이를 측정할 수 있는 바로미터가 있다. 그것은 얼굴에 드러나는 표정이다. 하루에 몇 번 웃는지 세어보면 된다. 한국 성인은 하루 평균 열세 번 정도 웃는다고 한다. 그것도 박장대소가 아니라 살짝 웃는 정도까지 포함해서다. 감사할 일이나 사랑할 일이 그 정도밖에 없는 것일까? 아니면 아무리 채워도 채워지지 않는 '정신적인 허기' 때문일까?

사람의 표정은 운명의 내비게이션 역할도 하고 마음가짐과 행동의 결과물이 얼굴에 남기도 한다. 특히 50세 정도가 되면 인생의 윤곽이 얼굴에 드러난다. 그래서 조지 오웰은 "50세가 되면 누구나 자신에게 걸맞은 얼굴을 갖게 된다"라고 말했다.

좋은 인상을 가지려면 좋은 표정을 지어야 한다. 이는 좋은 재료를 써야 좋은 요리가 되는 것과 같은 이치이다. 인상을 좋게 만들려면 어떤 표정을 지어야 할까? 부정적인 표정보다 긍정적인 표정을 많이 지어야 한다. 무엇보다 성격 자체가 긍정적이어야 한다.

관상에서는 얼굴의 대칭을 중요하게 생각한다. 긍정적이고 솔직한 사람들의 얼굴은 대체적으로 좌우대칭이 잡혀 있다. 솔직한 감정일 때는 의식적이고 수의적인 근육과 무의식적이고 불수의적인 근육이 함께 움직인다. 반면에 가식적인 감정일 때는 특정 얼굴 근육만 인위적으로 움직인다. 그 결과 한쪽으로만 움직이는 근육이 생기고 비대칭이 생긴다.

좌우대칭이 잘 잡혀 있고 늘 환한 표정의 사람이라면 자신이 행복하다고 느끼는 '행복 부자'이다. 이는 태양 아래 모든 것이 드러나듯 얼굴의 표정으로 전부 드러난다.

　마음에 드는 새 옷을 사면 사람들을 만나서 자랑하고 싶어진다. 내 몸에 꼭 맞는 멋진 옷처럼 내 얼굴을 내 마음에 꼭 들게 만들자. 이 세상에 하나밖에 없는 얼굴, 하나밖에 없는 나의 인생이니 말이다. 그러려면 먼저 나 자신에게 솔직하고 긍정적으로 살면 되는 것이 아닐까?

감정을 다루는 직종에서 중요한 능력이 무엇일까? 바로 공감능력이다. 그 공감능력이 있어야 사람들을 어루만질 수가 있다. 그런데 그 공감능력에는 목소리나 얼굴이 중요한 역할을 한다. 로봇이 아무리 상담을 잘 한다 하더라도 기계음을 내고, 표정이 없다. 우리는 엄마를 떠올릴 때 부드러운 미소가 연상된다. 우리의 감정 속에는 얼굴이 중요한 요소로 작용하는 셈이다.

2장

세상이 변해도
변하지 않는 것

기술혁명 시대에
얼굴이 가지는 지위

최근 존경하는 분에게 편지를 쓰게 되었다. 평소 카톡으로 문자를 보내곤 했는데 이번엔 특별히 편지를 보내고 싶었다. 나에게 잘해 주시긴 했지만 이번에는 무엇보다 시간을 많이 내어주신 것이 감사해서다. 조금 더 격식을 갖춰서 이메일로 보낼까 하다가 손 편지라는 걸 시도해 보았다.

예쁜 편지지를 사다가 볼펜을 꾹꾹 눌러서 글씨를 써 내려갔다. 그런데 반 장을 다 채우지도 못 하고 그만 포기해버렸다. 손가락이 아픈 것도 문제였지만 볼펜으로 쓰다 보니 수정할 수가 없었다. 내용을 수정하지 못하자 글을 쓰면서 평소보다 더 실수를 했다. 하는 수 없이 새 편지지를 꺼내어 같은 내용을 다시 쓰기를 여러 번 하다가, 결국 폭발하고 말았다. 이렇게 짜증을 내면서 편지를 쓰는 것이 무슨 의미가 있을까? 결국 며칠 뒤 이메일로 정중한 문체의 편지를 써서 보냈다.

그분은 이런 과정을 모르니 다행이다. 내게 손 편지를 할 정도까지는 성의가 없었다고 해야 할까? 꼼꼼한 성격의 소유자라면 손 편지가 어렵지 않을 수도 있다. 하지만 나는 국가대표급 덜렁이라 성질이 폭발한 거다. 그럼 이메일이 손 편지보다 성의가 없다고 해야 할까? 오히려 글을 편집하고 수정하면서 더 완성도 있는 글을 써서 보냈는데도?

손으로 글씨를 써야 했던 시절만 해도 글을 쓰는 일이 많지 않았다. 손이 아프기도 했고 내 글을 보여줄 만한 창구가 많지 않았기 때문이다. 예전에는 연애편지나 친한 친구에게 보내는 편지 말고 특별히 글을 써서 누구에게 보여줄 일이 적었다. 요즘은 어떤가? 카톡 메시지만 해도 하루에 스무 줄 이상은 쓰게 된다. 이메일은 말할 것도 없고 페이스북이나 블로그 등 일상을 글로 표현할 일이 많아졌다.

요즘 시대는 이전 시대에 비해서 여러 가지 양상이 바뀌고 있다. 일자리 부분이 그렇다. 내가 대학 다니던 때만 해도 대학에 학과가 몇 개 없었고 직업도 많지 않았다. 컴퓨터도 상용화되지 않았던 시대라 어디든 사람 손이 필요했다. 하지만 요즘은 단순 직업이 사라지는 중이다. 기계화, 로봇화가 우리 일자리를 많이 빼앗아 갈 거라 말하면서 불안함을 느끼곤 한다.

하지만 로봇이 대체할 수 있는 일들은 주로 제조나 단순 서비스 분야다. 우리는 이전 시대에 비해 자신의 감정을 소중히 여기게 되었다.

그 감정을 어루만지는 데에 많은 시간과 돈을 쓴다. 즉 육체적 서비스직 말고도 정신적인 서비스 직종이 기하급수적으로 늘어날 것이다.

감정을 다루는 직종에서 중요한 능력이 무엇일까? 바로 공감능력이다. 그 공감능력이 있어야 사람들을 어루만질 수가 있다. 그런데 그 공감능력에는 목소리나 얼굴이 중요한 역할을 한다. 로봇이 아무리 상담을 잘 한다 하더라도 기계음을 내고, 표정이 없다. 우리는 엄마를 떠올릴 때 부드러운 미소가 연상된다. 우리의 감정 속에는 얼굴이 중요한 요소로 작용하는 셈이다.

앞으로 많은 직업이 사라지더라도 계속 유지되는 직업이 있고, 새로 생겨나는 직업도 많을 것이다. 앞으로 모든 직업은 인간에게 좀 더 효율적이고 행복을 안겨주는 방식으로 진화할 것이다. 하지만 인간만의 특질을 더욱 개발한다면 이를 대체하기는 쉽지 않을 것이다. 그것은 '얼굴'이다. 이 지구상에 단 하나밖에 없는 우리 각자의 얼굴, 우리는 이 얼굴이 있어서 사람으로 살아갈 수가 있다. 얼굴이 가지는 독특한 지위를 잘 활용해야겠다.

4차 산업혁명 시대,
우리의 일자리는 어떻게 되는가?

'4차 산업혁명 시대 일자리의 변화'라는 주제로 열린 세미나에 참석한 적이 있다. 유명한 과학자가 나와서 첫 강의를 진행했는데 4차 산업혁명으로 일자리가 줄어들 거라는 걱정에 대해 말을 꺼냈다. 미래에는 인공지능 로봇이 우리의 일자리를 모조리 빼앗아 갈 거라 말하지만, 직업에는 기능적인 면만으로는 설명할 수 없는 부분이 있다고 한다.

심리적인 요소, 경제적인 요소, 사회적인 요소 등이 복잡하게 얽혀 있어서, 대부분의 직업이 생각보다 쉽게 사라지지는 않을 것이다. 그리고 그 사이클이 우리가 당대에 피부로 느낄 만큼 짧지는 않고, 없어지는 직업도 많지만 새로 생기는 직업도 많다고 한다. 요즘 동네마다 흔하게 볼 수 있는 네일샵의 필요성을 수십 년 전에 이미 예측한 사람이 과연 있었을까?

같은 대상도 지위가 달라지면 관련 산업이 무한대로 펼쳐진다. 내가 어릴 적에는 집집마다 기르던 강아지에게 사료를 따로 사다 먹이지 않았다. 남은 반찬에 밥을 대충 비벼서 주는 식이었다. 그러다가 좀 크면 복날에 집에서 잡아먹거나 개장수에게 팔아버리는 일도 있었다.

그 당시로 되돌아가 강아지 연관 검색어를 나열했다면 기껏해야 '개장수'나 '보신탕집' 정도였을 것이다. 요즘은 어떤가? 우리는 그들을 강아지, 고양이라고 부르지 않고 반려견, 반려묘로 부른다. 그렇게 지위가 격상된 반려동물들은 연관된 사업으로 인해 일자리를 무한대로 늘리는 중이다.

우선 먹이인 사료의 종류만 해도 유기농부터 수입품, 간식 등 매우 다양하다. 사료 수입업체, 사료 제조업체도 필요하다. 강아지가 들어가 쉴 수 있는 집도 평형별로 다양하게 구비되어 있으며, 재질과 모양도 여러 가지로 많다. 심지어 요즘은 반려견이 죽으면 장례업체도 불러야 한다. 강아지 호텔은 일상적으로 보이는 정도가 되었고, 요즘은 강아지 학교나 유치원도 인기를 끌고 있다.

실제로 우리 집 강아지가 시끄럽게 짖으니 옆집 아주머니께서는 유능한 강아지 훈련사를 소개해 주겠다고 했다. 성격을 온순하게 바꿀 수 있다나? 강아지의 행동을 교정시켜 주는 일종의 고액과외 선생인 셈이다.

이렇게 집에서 기르는 강아지 하나만 해도 연관 직업이 다양하다.

예전에 비해 순간의 감정을 중시하고, 외로움을 해소하는 산업이 활성화되고 있음을 알 수 있다.

'내 직업이 사라지면 어쩌지?' 하는 걱정은 도미노처럼 다른 것까지도 걱정하는 습관을 만들어낸다. 이렇게 앞질러 걱정하는 습관이 몸에 배면, 늘 수심 가득한 얼굴을 하고 다니게 된다. 매사에 '걱정형 인간'이 되는 것이다. 그러한 걱정을 얼굴에 주렁주렁 달고 있으면 누구나 한눈에 봐도 알아챌 수 있다. '내 일이 언제 사라질지 모르는데…' 또는 '지금 하는 일 말고 다른 일이 나에게 더 잘 맞는데…'라면서 현실에 불만을 갖는 일들이 얼굴을 자꾸 어둡게 만든다.

지금 걱정하는 일들은 대부분 일어나지 않을 일들이다. 과거에 걱정했던 일들을 돌이켜 보면 알 수 있다. 제법 예리했던 '걱정 추리'들도 거의 틀리지 않았는가? 뭐든 천천히 준비해 나가면 되는 것이다.

변하는 것과
변하지 않는 것들

내가 어릴 때는 집집마다 펌프가 있었다. 주전자처럼 생긴 쇳덩어리에 긴 무쇠팔을 위아래로 흔들어주면 물이 콸콸 쏟아져 나왔다. 어린 내게 그 동작은 무에서 유를 창조하는 위대한 동작으로 보였다. 나도 빨리 어른이 되어 펌프질을 하고 싶었다. 그러나 시간은 내 결심과는 다르게 흘렀다. 집집마다 수도가 설치되었고 아무도 힘들여 물을 퍼 올리지 않게 되었다. 점점 펌프는 쓰지 않게 되었고 우리 집 펌프는 녹슬어갔다.

고물 장수에게 펌프가 팔리던 날이 떠오른다. 아무에게도 말하지 않았던 '나만의 비밀스런 영웅'이 몇 됫박의 강냉이랑 맞바꾸어졌다. 내 유년 시절 영웅의 최후치곤 보잘 것 없었다.

예전에는 자녀를 많이 낳아서 부모님의 여자 형제인 이모나 고모가 많았다. 그래서 몇째 고모, 몇째 이모로 불렀는데 유독 한 이모만은 고유명사로 불렸다. '아파트 이모'였다. 그 당시엔 대부분 단독주택에 살았다. 아파트는 이름부터 꽤 이국적으로 느껴졌다. 그 이모네 집에 가면 한겨울에도 따뜻한 물로 목욕을 하니 신기했다. 아파트 이모는 동경의 대상이었다. 그런데 지금은 오히려 전원주택에 사는 동창 친구가 유니크해 보인다. '아파트'라는 이름의 프리미엄이 사라진 것이다.

내가 앞으로 사는 동안 또 무엇이 상전벽해를 이루며 바뀌어 갈까? 변화의 속도가 점점 빨라지니 앞으로 30년 후면 우리의 사는 모습이 얼마나 바뀔지 짐작되지 않는다. 인간 수명이 길어지는 것도 사는 모습에 변화를 불러올 것이다. 그렇다면 기술 발달은 얼마나 많은 혁신을 이루어낼까?

내 무릎 관절염이 심해져서 결국 인공 관절, 아니 로봇 다리를 달고 살까? 아니면 치매로 머리가 나빠져서 인공 뇌를 이식하게 될까? 아니면 남편의 혈관이 너무 좁아져서 모든 혈관을 새것으로 갈아 끼우게 될까? 의학 기술과 로봇 기술이 비약적으로 발달하면 그 둘의 합작품이 많이 생겨날 것이다. 공상과학 영화가 금세 현실이 된다.

단 한 가지는 상상이 되지 않는다. 바로 얼굴 이식이다. 만약에 남편이 갑자기 내 얼굴에 싫증이 났다고 말한다. 그러니 평소 좋아하던 여배우 얼굴로 내 얼굴을 갈아 끼워달라고 하면 어떨까? 만일 내가 수긍한다 하더라도 남편은 내가 부인으로 느껴질까? 나도 나 자신을 나라고 느낄 수가 있을까? 기술이 아무리 좋아진다 하더라도 '나'라는 고유함은 변하지 않기를 바란다.

텔레비전이 나오면서 라디오는 사라질 거라고 하는 사람이 많았다. 하지만 라디오는 라디오만의 독특한 영역을 유지하면서 사람들을 여전히 웃기고 울린다. 세상에는 변하는 것들이 참 많지만, 세상이 변해도 그 가치가 유지되는 것들이 있다. 펌프질을 잘하는 어른이 되려던 생각은 지금 생각해도 부질없다. 하지만 펌프질처럼 '무에서 유를 창조'하는 것 같은 짜릿한 순간은 늘 있었다. 이 세상에 없던 내 아이들이 생겼고, 남편, 일 등을 곁에 두었다. 이처럼 자기가 원하는 것을 꿈꾸고 이룰 수 있는 건 사람만이 지닌 고유한 능력이다. 그것은 마치 사람의 얼굴처럼 인공으로 대체할 수 없는 귀한 것이 아닐까?

현대판 피노키오의
세계

우리 아들이 두 돌이 되기 전이었다. 그때는 모두가 자기 아이를 천재로 생각하는 시기라서 였을까? 나는 진짜 우리 아들이 천재인 줄 알았다. 하도 거짓말을 잘해서다. 발달 시기상으로 볼 때 한참이나 일찍부터 우리 아들의 거짓말은 시작되었다.

두 돌이 되기 전이었다. 하루는 치킨을 배달시켜 놓고 아들에게 밥을 먹이려던 순간이었다. 우리 아들은 좋아하는 치킨이 배달오자 밥이 먹기 싫었나 보다. 유난히 말이 빨랐던 우리 아들은 치킨이 들어있는 봉투를 나에게 들고 오더니 말했다.

"엄마, 여기에 이렇게 써 있어요. 치킨을 앞에 두고 절대로 밥을 먹지 마세요."

순간 깜박 속을 뻔했다. 상표 그림 주변에 둥그렇게 씌어 있는 글의 내용을 글자 수까지 맞추어서 읽었기 때문이다.

게다가 내용도 왠지 그럴싸해 보였다. '맛있는 치킨을 앞에 두고 밥을 먹으면 마치 치킨을 우롱하는 느낌이 든다?' 어쩐지 참신한 광고 카피같이 느껴졌다. 우리 아들은 그런 유창한 거짓말을 시도 때도 없이 해댔다. 게다가 눈 하나 깜빡이지 않고 말이다.

실제로 아이들은 거짓말을 할 때 표정의 변화가 별로 없다고 한다. 거짓말인지 아닌지 얼굴만 봐서는 헷갈릴 정도다. 거짓말을 하는 것 자체가 엄청난 사회적 파장을 몰고 오거나 손해를 끼치게 하진 않는다는 사실을 아는 듯하다. 나름대로 재치를 발휘한다고 생각해서 으쓱해 할 정도다.

하지만 어른들의 세계에서는 다르다. 단 한마디의 거짓말조차 심각한 결과를 초래한다. 선거를 앞두고 후보들 간에는 비방전들이 펼쳐진다. 분명 누군가는 억울하고 누군가는 거짓말을 했을 것이다. 이런 종류의 거짓말은 검찰 수사까지 동원해서 밝혀내곤 한다.

예전과 요즘 시대 중 어느 때가 더 거짓말하기 쉬울까? 익명성과 복잡한 현대사회의 특성상 요즘이 거짓말하기 쉽다고 말할지 모른다. 하지만 앞으로는 거짓말하기가 힘들어질 것 같다. 빅데이터(Big Data) 기술과 첨단 기술 때문이다.

사람들은 각종 SNS상에서 자신의 이미지를 조작할 수 있다고 믿는다. 빅데이터를 활용하여 어떤 사람의 SNS상 이미지를 분석해 보았더니 최측근이 그 사람에 대해 느끼는 이미지와 거의 일치했다고 한다. 아무리 자신의 이미지를 꾸미려 해도 그 사람의 됨됨이는 어쩔 수 없이 드러나게 마련이다.

지인 중 한 명은 페이스북이나 인스타그램을 열심히 하는데 그 매체들이 자신에게는 생물로 느껴진다고 한다. 마치 그 사람의 지문처럼 SNS상의 사진이나 글에서 그 사람의 성격이나 인격 등이 드러난다면서 말이다.

예를 들어 잔뜩 치장하고 멋진 곳에 갔다 온 것을 늘 자랑하는 사람의 페이스북을 보자. 가식적인 느낌이 날 수밖에 없다. 어떻게 매일 치장만 하고 살 수 있다는 말인가? 마찬가지로 봉사를 한두 번은 갈 수 있지만 매주 가는 사람은 그 사실을 거짓으로 치장할 수 없다. 좋은 행동도 나쁜 행동도 자주 올리다 보면 모든 것이 드러난다.

범인이 범죄 사실을 숨기려고 할 때, 거짓말 탐지기로 알아내는 경우도 있다. 그 기계의 정확도가 떨어지자 요즘은 그보다 훨씬 업그레이드된 장치들이 나오기 시작했다.

각종 얼굴 인식 프로그램을 예로 들 수 있다. 얼굴 인식 프로그램은 사람의 얼굴에서 세세한 표정을 감지해낸다. 얼굴 근육의 미세한 움직임을 파악하고 얼굴의 혈류량을 체크해서 진짜 거짓말을 하는지 알아내는 방식이다. 특히 거짓말을 하는 사람들은 코를 중심으로 혈액이 몰린다고 한다. 피노키오가 거짓말을 할 때 코가 늘어나는 것이 일리가 있는 모양이다.

SNS에 찍히는 시간대별 사람들의 이동 상황은 어떠한가? 이제 연인을 두고 따로 바람을 피우려고 해도 힘든 시대가 되었다. 요즘 페이스북을 보면 언제 어디서 누구랑 같이 있는지를 쉽게 확인할 수 있다. 무섭다는 생각이 든다. 부처님 손바닥처럼 무엇이든 훤히 다 볼 수 있는 세상이다.

이메일로 오는 광고들 중에는 나에게 마침 필요했던 것이 많다. 처음엔 우연인 줄 알았지만 나중에 알고 보니 빅데이터가 내 정보를 수집한 결과였다. 그 정보를 통해 이득을 얻으면서도 마음 한구석이 서늘할 때가 있다. 유튜브도 마찬가지다. 누구나 유튜브를 켜면 그 사람이 좋아하는 카테고리에 속하는 동영상이 뜬다. 나에 대해 다 알고 있다는 생각마저 든다.

조만간 코 주변에 갖다 대면 거짓밀인지 아닌지 알아내는 거짓말 탐지 어플리케이션이 나오지는 않을까? 어차피 거짓말을 즐겨 하지 않는 사람이라면 앞으로 무엇이 나오든 상관이 없을 테지만.

약간 부족한
로봇

집으로 들어서는데 현관이 휑하다.

"맞다, 깜냥이가 이제 없지?"

낮에 반려견을 혼자 두는 것이 안쓰러워 얼마 전 다른 집으로 보냈다. 사랑해서 보낸다는 말이 맞나 보다. 마치 사람처럼 굴던 반려견을 보내고 나니 며칠 동안 눈물이 그치질 않았다.

그러다가 길가에서 구인 광고를 보게 되었다. 벽보의 내용은 '강아지 돌볼 사람 구함. 명랑한 성격이면 좋음. 아침 9시부터 오후 2시까지. 금액은 후히 주겠음'이었다. 오후 2시까지인 것을 보니 아르바이트를 찾는 듯했다. 그 다섯 시간동안 반려견을 혼자 두는 것이 안쓰러워 돌볼 사람을 구하는 것이다. 그 반려견은 나보다 좋은 주인을 만났다. 그 주인은 자신보다 반려견이 주는 사랑이 더 크다고 말할 테지만.

나도 반려견에게 많은 사랑을 받았다. 우선 집에 오면 문 앞으로 제일 먼저 달려 나오는 것이 반려견이었다. 예전에는 초인종을 누르면 누군가 문을 열어주러 나왔기 때문에 자연스레 식구들이 반겨주곤 했다. 아주 어린 시절에는 아버지가 퇴근하실 무렵, 가족들이 버스 정류장까지 아버지를 마중 나가곤 했다. 그 당시 가장들은 집으로 돌아올 때마다 대대적인 환영을 받은 셈이다.

요즘은 어떤가? 초인종도 누르지 않고 '삐비비빅' 번호를 누른 후 곧장 집으로 들어온다. 각자 방에서 볼일을 보던 가족들은 그제서야 천천히 나와서 인사를 한다.

각종 편리한 기계들로 인해 사람과 사람이 마주하는 일이 점점 줄어든다. 알고 보면 모든 기술이 인간의 '편하다'는 감정을 위한 것인데도 신체의 '편안함'을 추구하다 보면 감정의 '따스함'이 줄어드는 결과가 되곤 한다.

역사학자 유발 하라리는 그의 저서 《호모 데우스》에서 요즘 시대를 일컬어 역사상 인간의 감정, 욕망, 경험을 이렇게 중요하게 여긴 적이 없었다고 말한다. 인공지능의 눈부신 발달로 인류는 지금 전례 없는 기술의 힘에 접근하고 있지만, 사람들은 당장 그것으로 무엇을 해야 하는지 잘 모른다고 한다. 기술이 눈부시게 발전한다고 해서 더욱 행복해지는 것은 아니라는 말이다.

1990년대 미국인의 주관적 행복은 1950년대와 거의 같은 수준에

머물렀다고 했다. 가전기기들 덕분에 생활이 편해졌지만, 편리함과 풍요로움은 계속해서 기대치만 높이고, 높아진 기대치에 못 미치면 또다시 불행해진다. 추상적이고 계량이 불가능한 감정의 특성 때문이다. 이제 단순히 편리함보다는 인간 특유의 감수성에서 행복의 요인을 찾아야 한다. 감수성은 오히려 약간 불편한 곳에서 생겨난다.

최근 일본에서는 '약간 부족한 로봇'이 등장했다. 일부러 기능이 완전하지 않게 만들어서 사람의 손이 필요한 로봇이다. 예를 들어 쓰레기통에 바퀴를 단 모양인데, 사람들 곁으로 다가가서 쓰레기를 좀 주워달라고 아양을 떠는 로봇이 있다. 이때 사람이 쓰레기를 주워서 통에 담으면 감사 인사를 한다. 인간의 양심을 자극하여 봉사를 시키는 셈이다.

여기까지는 그나마 사람에게 도움을 준다. 그런데 청소는커녕 어지르는 로봇도 있다. 자녀를 다 키우고 나서 '빈 둥지 증후군'을 겪는, 노년에 접어든 여성을 위해 만들어졌다. 이 로봇은 청소해 놓으면 마구 어질러서 주부에게 청소할 일을 만들어 주는 식이다.

앞으로 '사람의 감수성 챙김'도 이 로봇들이 할 일인 셈이다. 우리는 로봇을 말할 때 우리의 잡다한 일을 도와주고 물건을 생산해내는 것만을 생각한다. 그러나 행복은 무조건 편하다고 오는 것이 아님을 많은 통계들이 말해 주고 있다.

로봇이 계속 발전해서 어디까지 사람의 일을 도와줄지는 모르지만, 어느 정도 시간이 지나고 나면 사람의 행복을 위해 약간 부족한 로봇이 많이 만들어질 것 같다. 요리를 조금 못해서 저절로 다이어트하게 만드는 요리사 로봇, 아침에 날씨를 잘못 말해서 비를 쫄딱 맞고 집에 들어오게 만드는 로봇 말이다.

한편으로는 내 주변 사람들이 너무 완벽하지 않음에 감사하다. 모두 내 감수성을 위해서인지, 특수한 설계로 만들어진 듯한 사람들이 수두룩하다. 우선은 나부터 그렇다.

하루는 남편에게 물어보았다.

"우리가 결혼한 지 오래 되었는데 나한테 권태기 안 느껴져?"

그러자 남편이 대답했다.

"권태기? 그건 익숙한 사람에게 느끼는 거잖아. 나는 자기가 매일 또 무슨 사고를 칠지 몰라 불안한데 무슨 권태기를 느껴? 걱정 마."

진짜 걱정을 안 해도 되는 상황인지는 모르겠지만, 어쨌든 내가 로봇이라면 엄청나게 고가일 듯하다. 사람도 너무 완벽하면 매력이 없지 않은가? 어찌되었든 나는 적어도 매력이 넘치는 사람인 셈이다.

사람을 닮고 싶은
로봇의 꿈

예쁘게 생긴 여자에게 하는 칭찬 중에 "인형같이 생겼다"라는 말이 있다. 서구적인 기준에서 예쁘다는 말이다. 우리나라에서 판매되는 인형들은 한결같이 서양 얼굴이 기준이다. 눈이 크고 코가 높고 입술은 앵두 같고…. 외국에는 바비 인형과 똑같아지려고 성형을 한 사람도 있다. 실제 바비 인형 같이 보이긴 하는데 인위적인 느낌 때문에 호감이 가질 않는다.

요즘은 성형이 일반화되다 보니 얼굴들이 서로 비슷해진다. 특히 보톡스나 필러 등을 과하게 시술한 경우 팽팽해진 볼이 억지스러워 보인다. 반작용인지 쌍꺼풀이 없고 밋밋한 느낌의 동양적인 얼굴이 더 매력적으로 느껴지기도 한다.

앞으로 로봇이 단순노동을 대체하게 되면 우리 주변에 많은 로봇이 등장할 것이다. 그땐 로봇도 사람처럼 보이기 위해 얼굴에 신경 쓰지 않을까? 그 얼굴은 전형적인 로봇의 형태가 아닌 사람 얼굴에 가까울 것이 예상된다.

그 로봇에게는 사람같이 생겼다는 게 칭찬이 되지 않을까? 요즈음도 그렇다. 성형을 하지 않은 여배우는 특별히 눈길이 간다. 타고난 얼굴 그대로인 경우 자연스러운 이목구비로 인해 더 편안해 보인다. 편안함, 그것은 사람이 사람에게서 느끼는 타고난 감정이다.

유명한 메이크업 아티스트가 올리는 동영상을 보면서 느낀 점이 있다. 그 사람들은 가로 세로 20, 30센티미터 밖에 안 되는 공간을 평생 연구하는 것이다. 그들이 알려주는 메이크업 테크닉을 보면 감탄이 나온다. 미세한 터치 하나로 얼굴이 전체적으로 예뻐 보이는 마술을 부릴 때다. 눈꼬리를 살짝만 빼거나 파운데이션을 바를 때 어떤 붓으로 어떤 방향으로 눌러주느냐에 따라서도 전체 분위기가 달라진다.

나는 그동안 내가 볼터치해온 방법이 잘못되었다는 것을 최근에야 알았다. 유명 메이크업 아티스트가 유튜브 동영상에 올린 강의를 보고서야 알게 되었다. 어쩐지 내가 볼터치를 조금 강하게 하고 나간 날은 사람들이 나보고 어디 아프냐고 물어보곤 했다. 혈색이 안 좋아 보인다면서 말이다.

혈색이 좋아 보이게 하려고 화장을 했으나 역효과였다. 코끝 선과 뺨의 브이존이 만나는 지점에 칠해야 하는데 나는 대충 볼에다 쓱쓱

칠해 왔었다. 이토록 얼굴은 섬세한 터치가 필요하고 많은 공부를 해야 하는 대상이다. 사람의 표정이 얼마나 중요한지, 그리고 인상이 얼마나 미묘한 차이로 이루어지는지 느끼게 한다. 그러니 눈썹을 조금만 더 올리거나 입술을 약간만 삐죽여도 상대방은 그 뜻을 알아차릴 수 있다.

예전에 각 분야의 달인이 나오는 TV 프로그램에서 마네킹에 화장을 하는 남자 분을 본 적이 있다. 그분은 마네킹에다 빠르고 능숙하게 화장을 했다. 다들 감탄하다가 사람 얼굴에 하면 어떨까 해서 실제로 사람에게 화장을 해 보였다. 그런데 결과는 끔찍했다. 사람에게 그 화장법을 적용하니 살아있는 느낌이 안 들고 과장되어 보였다. 사람의 얼굴과 인형의 얼굴의 차이는 단지 생김뿐만이 아니다. 바로 생명력의 차이다.

단순 서비스직 근무가 사람에서 로봇으로 바뀌는 날이 오게 된다. 현재 상용화되는 로봇은 귀엽기만 한 전형적인 로봇의 얼굴이다. 하지만 앞으로는 실제 사람처럼 생긴 로봇을 만들어내지 않을까? 그래야 서비스를 제대로 받는 느낌이 들 테니. 그땐 아마 약간 비대칭으로 만들고 약간 못생기게 만들어야 하지 않을까?

대부분의 사람의 얼굴은 비대칭이고 약간 못생긴 것이 정상이기 때문이다. 그때엔 '인형같이 생겼다'는 말보다는 '사람처럼 자연스럽게 생겼다'라는 말이 칭찬이 될지도 모르겠다. 인형같이 생겼다는 말은 인위적이고 사람 냄새가 안 나는 얼굴에 대해 하는 말이 될지도.

그땐 성형외과에 가서는 이렇게 주문하는 사람이 생기지 않을까?

"진짜 사람처럼 보이게 수술해 주세요. 눈은 조금 짝짝이로 코는 조금 낮게, 광대가 조금 나오게요."

각종 업그레이드로
편리해지는 세상

내가 어릴 적 부유한 아이들은 헝겊이나 플라스틱으로 만든 인형을 가지고 놀았지만, 대부분의 여자아이들은 종이 인형을 가지고 놀았다. 당시 동네 문방구에서는 한 장에 10원 하는 인형과 옷들을 인쇄한 두꺼운 종이를 팔았다. '종이 인형 놀이'는 그 종이 인형과 옷을 가위로 오려서 옷을 입혀보는 놀이다.

그 인형은 인형 주인의 가위질 솜씨에 의해 퀄리티가 달라지기도 했다. 가위질이 서툴면 삐뚤빼뚤해서 저품질 인형이 되었다. 반면에 가위질을 잘하는 아이들의 인형은 깔끔해 보여서 인기가 많았다.

30, 40년이 흐른 지금은 놀이 문화가 많이 바뀌었다. 움직이고 말하는 인형이 생겼고, 원하는 인형을 입체로 만들어 낼 수도 있다. 3D 프린터가 나오면서 어떤 모양이든 만들 수 있게 된 것이다. 내가 어릴 때는 상상만 하던 일들이다.

종이 인형 놀이를 하면서 '그 평면 인형이 실제로 통통하게 살이 붙으면 어떤 모습일까? 말을 하고 움직인다면 어떤 느낌일까?'라고 상상하기도 했다. 이처럼 머릿속에서 상상하던 것이 현실이 되어가고 있다. 로봇이 각 가정에서 실용화된다면 자신이 디자인한 인형이 사람처럼 말을 하고 움직이는 날이 올 것이다.

나이가 많아지니 생활 전반에 있어서 변화의 흐름이 크게 느껴진다. 텔레비전만 해도 그렇다. 내가 서너 살 때 우리 동네엔 텔레비전이 있는 집이 드물었다. 그래서 저녁에 드라마나 뉴스가 방영되는 시간에는 텔레비전이 있는 집으로 동네 사람들이 옹기종기 모여들었다. 물론 흑백텔레비전이었다. 그러다가 초등학교 6학년 때쯤에는 컬러텔레비전으로 바뀌었다. 그 후에는 대형스크린, 입체 음향 등 각종 기능이 업그레이드되면서 최근엔 스마트 TV로 바뀌었다. 앞으로 텔레비전에는 또 어떤 기능이 추가될까?

텔레비전만 업그레이드되는 게 아니다. 아주 어릴 적 나에게 가장 큰 돈은 10원이었다. 10원짜리 하나면 라면땅도 사먹을 수 있었고 눈깔사탕은 10개나 살 수 있었다. 또 스티커 껌을 사서 스티커 놀이도 하고 하루 종일 껌을 씹을 수도 있었다. 그 동전은 놀이감도 되었다. 동전의 앞면이 나오면 이기는 방식으로 '승부 뒤집기'도 했다. 또 동전에 새겨진 연도로 누구 동전이 더 오래되었는지 내기도 했다.

큰 기쁨이 되었던 그 10원의 돈을 벌기 위해 아빠 구두도 닦고 어깨 안마도 해 드렸다. 요즘 만 원의 행복이라는 말도 있지만 나에게는 '10원의 행복'이 있었던 셈이다.

시간이 많이 흐른 지금은 10원짜리가 귀찮은 존재가 되었다. 10원 동전 무용론까지 나오고 있다. 대부분의 10원짜리 동전은 집에서 빈 깡통 같은 데서 잠자고 있다. 10원짜리 동전은 제작 비용도 많이 든다. 그래서 요즘 10원 단위의 돈은 거슬러주지 않고 포인트로 쌓아주기도 한다.

그렇다면 10원짜리는 천덕꾸러기인가? 경제학상으로 볼 때 10원짜리는 불가피하다고 한다. 10원짜리를 없애면 끝자리가 100원 단위인 가격이 형성되어야 하기 때문이다. 이로 인해 인플레가 일어난다. 최근에는 전자 화폐가 사용되는 것을 볼 수 있다. 과거의 동전이 여러 번 진화한 결과다.

내가 느끼는 행복도 이렇듯 진화한 것일까? 10원짜리 동전이 전자 화폐로, 종이 인형이 로봇으로 바뀌는 동안 내가 느끼는 행복 지수는 얼마나 업그레이드되었을까?

몇 해 전에 인기를 끌었던 드라마 〈응답하라 1988〉을 보면서 느꼈던 점이 있다. 모든 것이 지금보다 훨씬 열악했던 그 당시의 모습이 오히려 훨씬 행복해 보인다고 말이다. 그런데 혹시 과거이기 때문이 아닐까? 우리는 과거에서 좋은 것만 기억하는 습성이 있다. 대부분의 첫사랑은 꿈속의 천사처럼 느껴진다. 분명 안 좋은 일로 싸우고 헤어졌을 텐데도….

프랑스 소설가인 알랭 드 보통은 자신의 책 《뉴스의 시대》에서 이러한 현대인들의 함정을 이야기했다. 즉 우리는 전보다 풍요로워지고 더 안전해졌는데도 끊임없이 쏟아지는 뉴스 때문에 행복을 느끼지 못한다고 말한다. 자극적인 사건 사고를 뉴스로 접하고는 세상이 너무 불안하고 불행하다고 생각한다는 것이다.

그런데 곰곰이 생각해 보자. 뉴스가 심심하고 행복한 것만 보여줄 수는 없지 않은가? 조금이라도 시청자의 눈과 귀를 붙잡아 두려면 사실을 과장하거나 편파적인 보도를 하기도 한다. 이는 하루 종일 신문이나 텔레비전을 끼고 사는 사람에게 치명적이다.

또 수많은 논객은 어떤가? 항상 문제의식을 가져야 하는 그들은 현실에서 좋은 점보다 부정적인 면을 더 많이 발견해낸다. "지금 행복한 줄 알았죠? 사실은 속은 거예요"하고 잘난 척을 좀 한다.

반면 이 시대를 객관적으로 관찰하는 사람들은 말한다. "요즘 세상은 이전 시대에 비해서 훨씬 안전하고 편리해졌어요. 우리가 진짜로 믿기만 하면 말이죠."

이미지를 소비하는
시대

　다섯 살 무렵이었다. 텔레비전 화면에 사람들이 나오는 게 무척 신기하게 보였다. 작은 상자 안에 그렇게 많은 사람이 들어갈 수 있다니. 내 작은 머리를 엄청 굴린 결과 '소인국 사람들'이 그 상자 안으로 들어간다는 결론을 내렸다. 그래서 텔레비전 뒤를 한참 들여다보기도 하고, 밤에 나 몰래 들어가는지 궁금해서 졸린 눈을 비벼가며 안 자고 버티기도 했다.

　하루는 엄마가 시장 갈 때 따라가지도 않고, 집에서 잠복근무를 하기로 마음먹었다. 그런데 내가 떡하니 지키고 있어서일까? 소인국 사람들이 그 상자 안으로 우르르 몰려오지 않았다. 당연히 그날은 텔레비전에 소인국 사람들이 안 나올 줄 알았다. 하지만 기대와는 다르게 저녁 6시가 되자, 소인국 사람들은 보란 듯이 화면에 등장했다.

　그 이유를 궁금해하는 나에게 부모님이 소인국의 비밀을 설명해

주셨다. 가느다란 전선을 통해 화면에 나온다고. 나는 그때 소인국 사람들의 긴 행렬을 떠올렸다. 몸을 가늘게 돌돌 말아서 전깃줄 속으로 차례차례 들어가는 아주아주 골치 아픈 상상이었다. 하지만 그건 더욱 힘들어 보였다.

소인국 사람들은 상자 안에 들어가면 우리와는 모든 게 달랐다. 멋진 외모에 입는 옷도 세련되고, 말도 멋지게 했다. 맨몸으로 하늘을 날아다니는가 하면, 총알 한 방으로 여러 명을 죽이기도 했다. 한마디로 '아주 멋지고 뭐든지 할 수 있는 세계'였다. 당시 사람들은 텔레비전 앞에서 자신을 그들과 동일시해서 울고 웃고 하였다.

얼마 후 커다란 나무 상자인 흑백텔레비전은 컬러로, 또 고화질 입체 화면으로 바뀌어갔다. 그리고 이제 그 소인국은 상자 밖으로 튀어나왔다. 프랑스 사회학자인 장 보드리아르는 현대사회를 시뮬라시옹의 세계, 즉 이미지를 소비하는 시대라고 했다. 우리는 하루 중 대부분을 이 시뮬라시옹의 세계 즉, 텔레비전 속 소인국 사람들의 '멋지고 뭐든 할 수 있는 세계'에 살고 있는 것이다.

외모를 한껏 치장한 모습들, 각종 매스컴과 SNS 속의 세계, 증강현실 게임 등 말이다. 그 세계가 실재와는 다르지만 상관없다. 어쩌면 알고 싶지 않은 것이다. 팍팍한 현실보다는 멋진 기분이 중요하니까 말이다. 여자들은 자신의 맨 얼굴보다는 제대로 화장하고 포토샵까지 한 얼굴이 자신의 진짜 얼굴이라고 믿고 싶다.

'얼굴만 예쁘면 여자냐, 마음이 고와야 여자지'라는 노래가 있었다. 그런데 요즘 그런 가사가 나오면 뭐라고 할까? 우리는 하루 중 대부분을 눈에 보이는 이미지로 만나고 이미지로 답한다. 어쩌면 눈에 보이는 것이 더 중요한 시대에 살고 있는 것이다. 속으로는 정신적인 것이 중요하다고 생각하면서도 말이다.

내가 남에게 보여주는 이미지를 관리해야 하는 시대가 되었다. 어떤 사람을 떠올릴 때 처진 입꼬리가 생각난다면? 부정적인 사람이 연상된다. 또 누군가를 떠올렸는데 미소를 머금은 입술과 맑은 눈동자가 생각났다면 어떨까? 온화하고 긍정적인 사람이라는 생각이 든다. 시간을 두고 사귀면 알 수 있겠지만, 매일 수많은 사람을 만나는 현대인들에게는 불가능한 일이다. 특히 SNS와 같은 온라인상의 이미지는 더욱 중요해진다.

피하고 싶어도 어쩔 수 없다. 나는 어차피 '이미지를 소비하는 시대'에 살고 있다. 눈을 감고 사람들이 나를 보면 어떤 이미지가 떠오를지 상상해 본다. 그리고 그 이미지가 적어도 '아주 멋지고, 행복한' 이미지라면 참 다행한 일이다.

컴퓨터 옆에
시집을 두어야 하는 까닭은

친구 딸은 피아노를 전공하려고 한다. 그런데 레슨 선생님이 그런 말을 했다고 한다.

"연애도 안 해봤니? 차여 본 적도 없어? 성격이 항상 밝은 건 좋은데 슬픈 감정도 알아야 감성이 살아난다고."

친구 딸은 엄마에게 자신도 슬픈 감정이 있는데 왜 그러는지 모르겠다고 투덜댔다. 문제는 그 슬픔이 아주 사소한 것이라 제대로 표현해내기 어렵다는 것이다. 요즘 아이들은 경험의 폭이 이전 시대에 비해 상대적으로 좁다.

친구는 가정환경이 좋지 않아서 어린 시절에 소녀 가장으로 살다시피 했다. 그래서 자식만은 행복하게 살길 원했다. 어릴 때 부모가 싸우는 것을 많이 보고 자라서, 자신은 아이들 앞에서 부부 싸움을 단 한 번도 한 적이 없었고, 밥 짓고 빨래하면서 학교를 다닌 것이 한스러워 집안일은 한 번도 시키지 않았다. 자녀들 옷 정리는 물론이고 방 청소도 대신해 주었다. 편안한 자식들의 모습에 자신을 오버랩시키면서 대리만족했던 것이다.

그랬던 친구가 뿌듯해하면서 딸에게 이런 말을 했다.

"나는 네가 고생을 전혀 모르는 아이로 자라길 바랐단다. 그랬더니 네가 슬퍼하는 법도 아예 모르나 보다."

그런데 그 말을 듣자, 친구 딸이 갑자기 펑펑 울었다고 한다.

"엄만 내가 행복해 보여? 나에게 감정이 너무 없어서 음악을 포기할 수도 있는데?"

친구는 기가 막혔다. 고생을 하지 않으면 무조건 행복할 줄 알았는데 그게 아니라니, 오히려 힘들다니…. 그럼 처음부터 힘든 것도 알게 하고, 이것저것 다 느끼면서 자라게 했어야 한 걸까?

대체 행복이란 무엇일까? 에드 디너, 로버트 비스워스 디너가 행복에 대해 과학적으로 연구한 《모나리자 미소의 법칙》이라는 책이 있다. 그들은 사람이 행복을 느끼기 위해서는 100% 기쁨만으로는 힘들다고 말한다. 반대로 레오나르도 다빈치의 명화 '모나리자의 미소'처럼 83%의 기쁨과 17%의 슬픔이 조화롭게 균형을 이뤄야 한다고 말한다. 행복은 바로 이처럼 여러 가지 감정이 자신에게 딱 맞도록 조화를 이룬 '주관적 안녕 상태'라고 정의한다.

우리는 행복을 말할 때 슬픔이 조금도 없고 불안감도 결코 없는 무풍지대를 생각한다. 그런데 실제로 그런 상태가 되면 무기력해지고 무의미함만을 느끼게 된다. 즉 인생에는 적당한 슬픔과 긴장감이 필요한 것이다. 그래서 이 책은 '조금 불행한 행복'을 원하라고 말한다. 우리 부모 세대에는 많은 사람이 어렵게 살았지만 지금은 전에 비해 더없이 풍요로워졌다. 따라서 행복의 잣대가 출발점부터 다르다.

선대인 경제연구소장이 쓴 책《일의 미래》에서는 고생했던 부모 세대를 '부의 신세계로 이민 온 사람들', 그리고 지금 자라나는 세대들을 '부유한 세계의 원주민들'이라고 말한다. 즉 부모 세대는 어렵게 시작해서 생활이 점점 나아지는 것을 지켜보며 큰 행복감을 느꼈다. 물질적인 성장이 곧 행복이었던 것이다. 그러나 요즘 세대들은 기대치가 처음부터 높아 웬만해서는 만족하기가 어렵다. 따라서 천편일률적인 성공 공식으로 노력하던 기성세대와 달리 선택과 집중을 통해 자기가 잘하는 일을 찾을 것을 권한다.

지금 자라나는 세대는 앞으로 경쟁이 더욱 치열해진다. 심지어 로봇과도 경쟁해야 하는 시대에 살게 될 것이다. 그러나 섬세한 감성이 필요한 일은 당분간 사람만이 할 수 있다. 따라서 인간 특유의 감성을 발휘하게 하려면 자녀들을 슬픔과 고통도 적당히 즐길 줄 아는 사람으로 키워야 한다. 로봇에게 일자리를 빼앗기지 않기 위해서도 말이다.

10년 전 유능한 미래학자 존 나이스비트가《마인드 세트》라는 책에서 한 말이 생각난다. 그는 앞으로는 컴퓨터 옆에 시집(詩集)을 두어야 한다고 했다. 그때만 해도 잘 이해되지 않던 말이었는데 이제는 알 것 같다. 다가오는 미래에는 감성과 창의력을 가진 사람만이 성공할 것이고, 그런 감성을 기르기 위해서는 기쁨만이 아니라 슬픔이나 고통도 반드시 필요하다는 것을.

인간은 감정의 동물이다. 앞으로 기계화, 로봇화가 진행되더라도 현재 존재하고 있는 다수의 직업은 앞으로도 계속 존재할 수 있다. 대신 같은 직업 안에서도 인정받는 부분이 달라질 수 있다. 예를 들어, 전에는 주사를 잘 놓는 간호사가 최고였다면 앞으로는 말투가 다정하고 누구보다 따뜻하게 미소를 지을 수 있는 간호사가 호평을 받을 것이다.

3장
___

공감이 필요한
시대

사람의 얼굴에
털이 없는 이유

대부분의 동물은 얼굴이 털로 덮여 있다. 그러나 사람의 얼굴에는 털이 없다. 아주 오래전에는 얼굴에 털이 있는 원시인도 있었지만, 결국 털이 없는 종만 살아남았다. 털이 없는 피부 표면을 통해 생각이나 미묘한 감정을 세밀하게 전달할 수 있었기 때문이다.

타인과 유대 관계를 맺는 데 있어서 감정을 표현한다는 것은 개인적·신체적 안녕에 필수 요소이나. 이 세밀한 감정의 전달은 인간이 문명을 이루고 문화를 발전시키는 데 한몫을 해 왔다.

또한 사람이 동물과 다른 한 가지는 흰자위가 있다는 것이다. 다른 동물들은 동공이 눈의 대부분을 차지하고 있다. 그런데 사람은 검은자위가 흰자위의 가운데를 차지하고 있어, 동공을 이리저리 굴릴 수가 있다. 이는 사회적인 행동에 필요하다. 즉 눈알을 굴리며 이리저리 눈치를 살피는 것이다. 눈치를 살핀다는 것이 남의 뜻에 따라 이리저리 휘둘리는 것으로 생각할 수도 있다. 하지만 남의 불편함과 원하는 바를 미리 알아차린다는 면에서 꼭 필요한 능력이다.

요즘은 아이들을 하나나 둘만 낳다 보니 눈치를 보는 아이들을 점점 보기 어렵게 되었다. 엄마들은 자기 아이가 남의 눈치를 보면 기가 죽는다고 생각한다. 기를 죽이지 않겠다면서 아이가 식당에서 뛰어다니도록 두는 부모들이 있다.

그 반작용으로 안전사고의 문제로 영유아의 출입을 제한하는 '노키즈존(No Kids Zone)'이 생겨나고 있다. 얼마 전 식당에서 있었던 일은 노키즈존에 대한 관심을 불러일으켰다. 아이가 뛰어놀다가 음식물을 엎었는데 부모가 이에 대해 미안해하지 않자, 이를 지켜보던 손님이 식당 편을 들었다. 손님의 대응법이 꽤 과격했는데도 네티즌들은 오히려 그 손님이 잘했다고 편을 드는 경향이 있었다. 이 댓글 난은 소위 '맘충'이라 일컬어지는 엄마들에게 한이 맺힌 사람들의 성토 대회장이었다.

학교에서 아이들을 가르치면서 교사로서 회의가 드는 때가 있다. 바로 자기 아이만 최고로 여기는 학부모들의 항의를 받을 때다. 심지어 정서적으로 문제가 있거나 청결하지 못한 학생이 짝이 되면 바꿔달라고 하기도 한다. 그러면 문제의 학생은 누구의 짝이 되어야 하는가? 자기 아이만 행복하면 되는 것인가? 같이 행복하면 안 되는 것일까?

얼마 전 아파트 단지 내에 있는 음식물 쓰레기 수거함 앞에 경비원이 경고문을 써 놓았다.

'앞에다가 음식물 쓰레기를 그냥 버리면 나쁜 사람'

나는 '나쁜'을 '나뿐'으로 잘못 쓴 경비원 아저씨의 귀여운 실수에 웃음이 났다. '차칸'(착한)의 반대 버전인가 하는 생각도 들었다. 그런데 생각해 보니 오히려 그 말이 맞는지도 모르겠다는 생각이 들었다.

즉 '나뿐(인) 사람'은 '함께'인 사람보다 나쁜 거니까 말이다. 그 '나뿐 사람'은 아마 음식물 수거 카드를 실수로 안 가져와서, 음식물 쓰레기를 수거함 앞에 두고 갔을 것이다. 자기 집에 두면 냄새나는 쓰레기를 남들이 지나다니는 길에 버젓이 두고 싶었을까? 자기 집만 깨끗하고 냄새가 안 나면 되는 것일까? 글자대로 세상에 '나뿐인 사람'이다.

여러 원시인 중에서 유독 얼굴에 털이 없는 원시인만 살아남았다는 사실은 의미가 크다. 앞으로도 남의 표정을 제대로 읽으며, '나뿐'이 아니라 남들과 같이 잘 사는 사회를 만들어야 하지 않을까? 이 지구에서 오래 버티려면 말이다.

직업의 필수 요건이 된
공감능력

〈패치 아담스〉라는 영화가 있다. 로빈 윌리엄스가 주인공으로 나오는 영화인데 의술보다 인술이 중요함을 감동적인 장면들로 이야기하는 영화다. 그 영화가 나올 당시만 하더라도 의사들의 의료행위는 성역이라 인식되어 일반인들이 함부로 왈가왈부할 수 없었다. 그러나 요즘은 환자들이 의사의 수술에 대해 맘에 들지 않으면 여러 가지 형태로 그 불만을 드러낸다.

종종 있는 연예인의 의료 과실 사건도 마찬가지다. 그리고 대부분의 불만은 주로 병원, 의사에 대한 서운함에서 비롯된다. 의사들도 이제 환자를 대할 때 공감하고 위로해야 한다. 즉 공감이 중요한 시대가 되었다. 같은 직업이라도 공감능력이 있는 것과 없는 것에는 큰 차이가 있다.

간호사의 경우가 특히 그렇다. 의료 처치나 단순히 돌보는 능력을 넘어서서 환자의 마음까지도 어루만질 수 있다면 이는 일반 간호라 할 수 없다.

대형병원의 중환자실에서 근무하다가 지금은 그만 둔 지인이 있다. 그녀는 중환자실에서 격무에 시달리는 것을 힘겨워했다. 자신이 마치 기계의 부속품처럼 느껴졌다. 그녀는 중증 환자에게 평소 그가 좋아하던 음악을 알아내어 귀에 들려주기도 했다. 그때마다 여지없이 선배 간호사들의 빈축을 샀다. 더 시급한 일들이 있었기 때문이다. 주사기를 뺀다든가 차트에 이런저런 내용을 기록한다든가 환자를 침대에서 옮기는 일들이 더 시급하다고 여겨졌다. 이는 로봇이 대신할 수 있는 일들이다. 하지만 환자가 평소 좋아하던 음악을 알아보고 그것을 찾아서 직접 귀에 꽂아주는 일, 그리고 곁에서 위로의 말을 건네는 것, 무엇보다 따뜻한 미소를 지어주는 일은 사람만이 할 수 있다.

또 한 간호사는 지방대학 출신이다. 상대적으로 입사 시험 때 경쟁력이 없었다. 그래서 자신만의 무기를 활용하기로 마음먹었다. 환한 미소다. 그녀의 얼굴은 어렸을 때부터 웃는 상이었다. 그 습관은 면접에서 유감없이 발휘되었다. 면접관들의 질문에 상냥한 어투로 답변하면서 미소를 짓는 바람에 합격의 영광을 안을 수 있었다. 그녀는 간호사를 지원하는 후배들에게 이렇게 말하곤 한다. 항상 미소를 지을 수 있는 긍정적인 마음가짐, 그리고 온화한 성품이 간호사가 되는 데에 중요한 자질이라고.

인간은 감정의 동물이다. 앞으로 기계화, 로봇화가 진행되더라도 현재 존재하고 있는 다수의 직업은 앞으로도 계속 존재할 수 있다. 대신 같은 직업 안에서도 인정받는 부분이 달라질 수 있다. 예를 들어, 전에는 주사를 잘 놓는 간호사가 최고였다면 앞으로는 말투가 다정하고 누구보다 따뜻하게 미소를 지을 수 있는 간호사가 호평을 받을 것이다.

전에는 시험에 나올 만한 문제를 알려주는 강사가 인기를 끌었다. 하지만 이제 그런 일들은 인공지능 컴퓨터가 빅데이터를 이용해 훨씬 더 잘 할 수 있다. 대신 앞으로는 학생들의 시험 고민을 들어주고 정신적인 위로까지 해 줄 수 있는 강사가 인기를 끌 것이다.

실제로 친구 딸의 경우가 그렇다. 현재 친구의 딸은 성적이 우수한데도 고액 과외교사에게 지도를 받고 있다. 혼자서도 공부를 잘 하니 한동안 과외를 그만 둔 적이 있다. 하지만 곧 다시 그 교사를 찾게 되었다. 그 교사가 하는 수업에는 수험생에게 필요한 선배로서의 조언, 정신적인 안식처 역할이 더 컸기 때문이다. 2시간 넘게 자신의 수험생 시절 에피소드만 이야기하다 가는 적도 있다고 한다. 그런데 이상하게도 친구의 딸은 불안했던 마음이 편안해져서 한결 가벼운 마음으로 공부를 하게 된다는 것이다. 아무리 고액 과외교사가 가르친다고 해도 결국 공부는 본인의 몫이다. 하지만 정신적인 스트레스를 이기지 못하면 공부하기가 힘드니 위로가 필요해진다. 공감을 잘하는 사람은 어떤 직업에 종사하더라도 경쟁력이 있는 셈이다.

공감능력은 무엇으로 표현되는가? 보디랭귀지와 얼굴의 표정, 목소리다. 지금은 '물질주의 시대적 가치'가 '후기 물질주의 시대적 가치'로 전환되는 시점이다. 정신적 가치를 더욱 추구하게 된 것이다. 그리고 한 사람의 정신적 가치가 쉽게 나타나는 곳은 얼굴이다.

남들이 슬플 때 같이 울어주는 슬픈 눈동자, 기쁠 때나 위로가 필요할 때 지어주는 온화한 미소는 열 마디 말보다 위력이 있다. 지금 어떤 일을 하고 있는지 상관없다. 그 일을 더 잘하려면 공감능력이 필요하다. 그리고 오늘 하루 중에 단 한 명이라도 나의 얼굴과 미소로 위로를 받았다면 참 좋은 하루를 보냈다는 생각이 든다.

눈치 볼 필요 없이
미리 눈치를 채라

요즘 엄마들은 자기 아이가 눈치 보는 아이가 되길 원치 않는다. 학교에서 가장 해결하기 어려운 일이 있다. 바로 남을 때리고 다니는 아이의 경우이다. 이 학생의 부모가 깨어있다면 상관이 없다. 남을 때리는 게 나쁘다는 걸 교육하면 되니까. 그러나 잘못된 가정교육으로 아이를 망치는 부모도 있다.

기분이 나쁘면 아이들에게 무조건 주먹을 휘두르는 학생이 있었다. 가정적으로도 아무 문제가 없는 아이였다. 오히려 4대 독자로서 사랑을 많이 받으면서 자랐다. 과하면 뭐든 안 좋은 것일까? 그 학생은 자기가 원하는 대로 되지 않으면 무조건 드러눕는 스타일이었다.

예를 들어 체육 시간에 축구를 하다가 골이 잘 들어가지 않으면 앞에 있는 남자애를 때렸다. 그 아이가 코피가 나고 아파해도 모른 척했다. 그 사실을 학생 엄마에게 전화로 말씀드렸다. 그러자 대뜸 맞은 애가 병원에 갈 일이면 병원비를 지불하겠단다. 사과는 한 마디도 없이. 그리고 자기 아이는 혼내지 말란다. 기가 막혔다. 그러더니 뒤에 이어진 말, 자기 집안에서 그 아이는 특별하니 기죽이지 말란다. 할머니 할아버지가 아시면 난리 난다고. 아니, 귀한 자식이면 남을 해코지해도 된다는 말인가? 이해할 수 없었다.

눈치 보는 아이로 키우기 싫다는 말이 무언지 곰곰이 생각해 봤다. 눈치를 본다는 말은 부정적이다. 마치 남이 시키는 일만 하고 자기 의사가 없는 상태를 말하는 것처럼 들린다. 하지만 눈치를 챈다는 건 어떨까? 남의 눈치를 본다고 하지 말고 남의 감정, 기분 등을 알아서 행동하는 능력, 그것은 능동적이며 긍정적인 삶으로 이어진다. 약간의 공감능력만 있으면 누구나 가능한 일이다.

일제 강점기를 거친 조부모 시대에는 특히 일본 사람들 눈치를 많이 보았다. 그분들이 손주를 바라볼 때 눈치 보는 아이로 크는 건 가슴이 아프실 것이다. 하지만 남의 눈치를 살펴서 남에게 해를 끼치지 않고 도움이 되는 사회인으로 성장시키기 위해 교육이 필요한 것이 아닐까?

이제 눈치를 본다는 말 자체가 사라졌으면 좋겠다. 그 부정적인 어감 때문에 너무 많은 사람들이 자신들의 공감능력을 퇴화시킨다. 눈치를 잘 살피고 눈치를 잘 채는 사람, 그런 사람들이 많아졌으면 좋겠다.

그러기 위해서는 남의 표정을 잘 살피고 그 변화를 감지해야 한다.

얼굴색은 어떻게 변화되는지, 눈썹의 움직임은 어떻게 달라지는지, 눈꼬리가 올라가는지 내려가는지, 입꼬리는 어떤 방향을 향하는지 등등 말이다.

인류의 오래된 조상인 호모 사피엔스들이 사냥을 할 때 이런 표정 읽기는 생존과 밀접한 관련이 있었다. 협동 작전으로 멧돼지를 잡으려는데 사자가 근처에 다가왔다면 이를 동료에게 알려주어야 한다. 그럴 때 소리를 내지 않고 조용히 의사 표시를 할 방법은 표정밖에 없다. 우리의 얼굴 표정은 인간의 생존 본능으로서 오랜 역사를 자랑한다. 또한 인류를 지속시킬 가장 원초적인 의사소통 도구가 아닐까?

계획대로만 사는 것의
함정

바람의 딸 한비야 씨는 전 세계를 종횡무진 누벼왔다. 주로 오지를 여행하는 그녀는 원래 가려고 했던 마을에 가지 않고 중간에 머무는 경우가 많다고 한다. 길을 몰라서 가르쳐 달라고 하다가, 길을 가르쳐 주는 사람 집에서 그대로 눌러앉는 것이다. 그녀는 의외로 길치라고 한다. 여행가가 길치라니 아이러니하다. 하지만 길을 잘 찾지 못해서 새롭게 발견하는 마을도 있고 그 마을에서 이렇듯 의외의 인연을 만든다고 한다.

'미래의 일자리'라는 주제의 세미나에 갔다가 유명 영화 제작자의 강연을 듣게 되었다. 그는 가히 마이더스의 손을 지녔다. 국내의 굵직굵직한 영화들이 그의 기획에 의해 탄생했고 대부분 흥행에 크게 성공했다. 그가 들려주는 소위 '흥행감'을 키우는 방법은 너무 계획대로만 살지 않는 것이다. 인생에는 적당한 모험과 용기가 필요하기 때문이다. 결국 우리가 아는 지름길이 진정한 의미의 지름길이 아닌 경우일 수도 있다.

요즘 아이들은 인터넷, 스마트폰의 영향으로 여행을 할 때 완벽한 계획대로 움직인다. 차편도 그렇고 음식점이나, 사진 촬영할 곳도 그렇다. 그런 물샐틈없는 계획은 모험을 허락하지 않는다. 결과적으로 인터넷으로 알려진 맛집에 가고 경치 좋다는 데서 똑같이 사진을 찍는다. 결국 판박이처럼 똑같은 형태의 여행이 되는 것이다. 그런 여행이 과연 무슨 의미가 있을까? 여행은 넓은 세상에서 새로운 경험, 나만의 경험을 하고 싶어서 떠나는 것이 아닌가? 다른 사람들이 해 본 좋은 경험을 나도 해 보는 건 '남들 따라 하기' 밖에 안 될 것이다. 의외성이 주는 선물은 받지 못하는 셈이다.

그는 젊은이들에게 자신의 가능성을 힘껏 펼쳐보라고 한다. 물론 실패를 할 수도 있다. 하지만 실패를 통해서 배우는 것도 많다. 어차피 인생에는 운이 작용한다. 열심히 살다 보면 운과 노력이 타이밍이 잘 맞아서 큰 성공을 이룰 수도 있는 것이다. 하지만 계획에 없던 실패나 작은 실수도 용납하지 않는다면 무슨 성공을 이룰 수 있을까?

학교에서 친구가 하는 작은 농담에도 상처를 받아서 집에 가서 이르는 아이들이 있다. 그러면 엄마는 담임 선생님에게 전화를 걸어서 항의를 하기도 한다. 그런 과정이 몇 번 반복되면 교사는 노이로제에 걸릴 지경이 된다. 고운 말을 쓰는 건 당연하다. 하지만 아이들이 별

뜻 없이 하는 거친 말도 못 참아서 힘들 정도라면 나중에 사회생활을 할 때 얼마나 힘이 들까 싶다.

실제로 일반 회사에 다닐 때 자주 듣는 말이 있었다. 월급의 80%는 남에게서 들은 욕 값이라고 말이다. 상사에게서든 고객에게서든 모두 마찬가지다. 남의 돈을 벌기 위해서 하는 일은 부정적인 피드백을 들을 일이 많다.

예전 대가족에서는 나름대로 거친 사회생활에 대해 미리 단련을 할 수 있었다. 먹을 것이 넉넉지 않던 그 시절에는 삶은 고구마 하나를 나눌 때에도 개수대로 나누느냐, 부피별로 나누느냐 설전이 벌어졌다. 개수대로 하면 어떤 고구마는 너무 크고 어떤 것은 너무 작아서 공평하지 않았다. 나중에는 손으로 무게를 어림잡은 후 큰 고구마 일부를 잘라서 작은 것에 보태기도 했다. 각자의 몫을 재분배하는 과정을 통해 경제교육이 자연스럽게 이루어진 셈이다.

그리고 맏이가 아닌 아이는 옷을 물려 입는 것에 늘 심통이 났다. 그 당시에도 유행이란 게 있었는데 언니가 입던 옷을 밑에 밑의 동생이 입을 때쯤이면 유행이 한참 지난 만화 주인공이 그려진 옷을 입어야 하는 비운의 주인공이 되었다.

그때는 한 가족 안에서도 그런저런 억울하고 원통한 일들을 두루 거치면서 컸다. 그러나 요즘은 어떤가? 아이들이 하나 아니면 둘이다.

대체로 외동딸 아니면 외동아들인 것이다. 또 설사 억울한 일이 일어 난들 부모들이 나서서 해결해 주려고 한다.

하지만 언젠가는 자녀들이 그 온실을 나와야 한다. 그래야 나중에 홀로 서야할 때 비바람에 쉽게 꺾이지 않는다. 그러려면 지금부터 각종 변수를 허락하는 편이 낫지 않을까?

육아 전문가의 말을 빌리자면 아기를 안을 때 너무 안정적으로만 안으면 안 된다고 한다. 가끔 불편한 자세로 안아야 아기가 균형감을 찾으려고 몸을 이리저리 움직여 보고 머리를 쓴단다.

불편한 외부 환경으로부터 자신을 안전하게 지키려는 생존 본능, 이는 인류가 지속되어온 원동력이 아닐까? 이때야말로 자신이 가진 능력을 최대로 끌어 올려서 쓸 수 있는 것이다. 내가 가진 잠재력을 최대한 끌어올릴 방법이 무엇인지 늘 고민해야겠다.

우리에겐 누구나
공터가 필요하다

어린 시절 친구들과 놀던 공터가 생각난다. 우리 동네에는 빈 땅이 많았다. 집 앞 좁은 골목을 지나면 마을 어귀에 못 미쳐서 있던 공터들. 그중에서 내가 많이 놀았던 공터는 원래 산의 끝자락이었나 보다. 약간 높은 언덕배기를 이루고 있던 그 공터는 듬성듬성 뿌리가 뽑힌 나무가 아슬아슬하게 흙더미를 이고 서 있었다.

내가 그 흙비탈을 혼자서 오를 수 있었던 건 여섯 살쯤이었다. 그 전까지는 동네의 언니 오빠들이나 또래의 운동신경이 발달한 친구들의 손을 잡고서야 겨우 올라갔다. 그 언덕배기 공터에서는 다양한 놀이가 진행되었다. 남자아이들은 주로 전쟁놀이를 하였는데, 부러진 나뭇가지를 총으로 삼아서 '두두두두' 난사하면 다들 죽는 시늉을 실감나게 하곤 했다. 그리고 여자아이들은 공기놀이나 고무줄놀이를 했다.

그곳 말고도 놀 공간은 많았다. 제일 흥미진진했던 공간은 천막 창고였다. 가구 만드는 공장에서 장롱을 보관하던 곳이었다. 창고는 안이 미로처럼 복잡하게 되어있는 데다 어두컴컴해서 우리는 그곳을 귀신이 나오는 집이라고 불렀다. 그 창고 안은 숨바꼭질하기에 좋았다.

싸구려 합판에서 나오는 지독한 약품 냄새 때문에 오래 숨어 있으면 어질어질해지기도 했다. 지금 그곳들의 땅값을 환산하면 얼마쯤 될까? 지금은 높은 아파트 건물로 둘러싸인 서울 주택가이니 꽤 비쌀 것이다. 내 가슴 한편에 꼭 박혀 있는 공터. 나는 요즘도 주변에 그런 공터가 있을까 해서 두리번거린다.

우리 집 앞마당이나 집 앞 작은 골목보다는 크고, 학교 운동장보다는 작은 우리들의 놀이터. 그 놀이터에서 우리는 싸우기도 하고 놀기도 하면서 한 뼘씩 자랐다. 그런 휴식 같은 공간이 그립다.

우리의 얼굴에도 공터가 있다. 눈, 코, 입 외에도 뺨이나 이마, 턱 등은 전체적으로 보았을 때 공터처럼 보인다. 그런데 이곳들은 이목구비 못지않게 중요하다. 관상 책을 보면 이마나 턱, 광대 등은 전체적인 운세를 판단하는 기준이 된다.

예를 들어 '이마가 반듯하고 광이 나면 학식 운이 있고, 턱이 적당히 살집이 있으면 말년이 좋고' 등이다. 또 코가 아무리 잘생겨도 광대가 받쳐주지 않으면 주위 도움을 받지 못한다는 등 얼굴에서 이런 공터의 역할은 중요하다.

생활에서도 공터가 필요하다. 젊은 시절의 나는 인상이 나빴다. 그 이유를 생각해 보니 생각이나 행동이 분주하고 빡빡해서다. 그때는 일 초 일분도 아까워서 종종걸음으로 걸었다. 사람들과 대화할 때는 내가 하고 싶은 말만 일방적으로 쏘아대듯이 말했다.

그렇게 여유가 없는 내가 인상이 좋을 리가. 대화가 아닌 일방통행 식의 말을 누가 듣고 싶었을까? 이런 여유 없음은 양미간에 주름이 잔뜩 잡히게 하고 웃음기가 없는 얼굴을 만든다. 그런 사람과 같은 공간에 있다면 빨리 벗어나고 싶은 생각이 든다.

사람에게 공터가 되어주는 사람도 있다. 우리 딸은 입시생이다. 요즘은 점점 더 신경이 날카로워지는지 말끝이 늘 서 있다. 밥 먹으라는 말 한마디만 했을 뿐인데도 신경질을 내면서 싫다고 한다. 할 일이 너무 많다면서 시간이 없단다. 밥 먹을 시간도 없느냐고 하니 화를 낸다. 엄만 자기가 얼마나 힘든 줄 모른다면서.

'나도 피곤한 몸을 이끌고 차려준건데' 하면서 속으로 삭히려니 부아가 치민다. 그래도 참아야 한다. 엄마니까. 내가 이런 '감정의 공터' 배역에서 중도하차한다면 우리 딸은 어디에 가서 긴장감을 해소하겠는가? 엄마는 자식들에게 화풀이 대상이자 기댈 곳이다. 그나마 공터로라도 여겨주는 게 감사하다고 생각할 날이 올지도 모르겠다.

이런 공터는 어디든 있어줘야 한다. 바쁘게 지나치는 생활 속에서도 문득문득 자신을 돌아볼 공간, 또는 그런 사람, 그런 표정은 모두 소중하다. 나에게 성장과 휴식을 제공할 공터 말이다. 어른이 되어서 어렸을 때 뛰어놀던 공터에 찾아가 본 적이 있다. 그러나 온통 아파트가 들어차서 어디가 공터였는지 분간할 수가 없었다.

어린 시절 놀던 골목길도 앞마당도 '공터'라는 말도 모두 생소해져 버렸다. 모두 다 빽빽하다. 땅값이 비싸졌으니 그런 공터는 기대할 수 없게 됐다. 대신 돈 들이지 않고 공터를 만들어 보는 것은 어떨까? 예를 들어 집 안에 되도록 가구를 적게 두고 물건 수를 줄이는 것이다. 그만큼 청소하는 시간이 줄어들어 시간에도 공터가 생길 것이다.

이처럼 알고 보면 돈이 들지 않는 '공터 만들기'는 많다. 내 머릿속에 공터를 만드는 게 우선이지만 말이다. 그 다음으로 다른 사람에게 가끔씩 쉬어갈 수 있는 공터가 되어 주자. 남들이 힘들 때 이야기를 들어주는 것으로도 충분히 공터 역할을 할 것이다. 그렇게 만들어진 '공터 품앗이'는 언젠가 되돌려 받게 되어 있다.

양미간 주름을
없애야 한다

    10년 전 상하이에서 살 때의 일이다. 내가 어눌한 중국어로 말을 하면 중국인들이 깜짝 놀라면서 나에게 말했다. 중국인이 아니냐고 말이다. 그래서 한국인이라고 말하면 더욱 놀라는 것이었다. 하도 여러 번 그러니까 나중에는 내가 한국인처럼 생기지 않았느냐고 물었다. 그들은 두 가지 이유를 들었다. 하나는 한국 아줌마들이 옷을 화려하게 입고 화장을 진하게 한다는 것이었고, 나머지 하나는 화난 듯한 표정을 짓는다는 것이었다. 그러면서 나한테 미안하다는 얘기를 했다.

    요즘은 중국인들도 화장을 많이 하고 옷차림도 세련되어졌지만, 그 당시 한국인들은 중국인들에 비해 훨씬 세련된 화장과 옷차림을 하고 다녔다. 그에 반해 나는 늘 일에 쫓기느라 덜 꾸미게 되니 수수하게 보인 것이다. 즉 좋게 말해서 수수하지만 세련되지 못하다는 말을 한 것에 대해 미안하다는 뜻이었다. 그리고 덧붙여서 한국인들은 왜 매일

화가 나 있느냐고 했다.

내가 살던 아파트에는 한국인뿐만 아니라 유럽인과 미국인, 일본인들이 섞여 살았다. 그 아파트 공원에 가면 강아지와 함께 산책하는 사람들이 보였는데, 10년 전 당시만 해도 한국인들은 유독 빨리 걸었다. 외국인들이 강아지들에게 시간적인 여유를 주는 것과는 사뭇 달랐다. 강아지들이 땅에 코를 대면 줄을 잡아끌면서 빨리 가도록 하는 식이었다. 그런 조급한 모습이 다른 나라 사람들 눈에는 화가 난 것처럼 보일 수도 있겠다는 생각이 들었다. 10년이 지난 지금은 한국인들이 이전에 비해 조금 느긋해진 것 같다. 주변만 둘러보아도 반려견과 여유 있게 산책하는 모습들이 전에 비해 눈에 많이 띈다.

조급한 마음은 무엇을 통해 나타날까? 시간에 쫓겨 짜증을 내면 양미간에 주름이 잡힌다. 고작 한두 번 짜증을 냈다고 해서 곧바로 주름이 되지는 않는다. 자꾸 반복되는 짜증은 인상을 쓰게 만들고 자리를 잡아 결국 굵은 주름이 된다. 한 사람의 주름은 그 인생에 있어 연표가 얼굴에 새겨진 것이나 마찬가지다. 예를 들어 조선 시대 성종 대의 법전 편찬, 정조 대의 수원성 축조 등등을 나타낸 표 말이다. 이처럼 사람의 주름도 대체로 어느 시기에 생겼는지 알 수 있다.

양미간의 주름과는 반대로 눈가에 생기는 주름은 웃어서 생긴 것이므로 좋은 주름이다. 마침 지나가는 트럭에 부착된 광고 사진을 통해 우리나라 최고의 미녀가 커피잔을 들고 있는 모습이 보인다. 그런데 요즘처럼 전 국민 얼굴의 포토샵 시대에 눈가의 주름이 살짝 눈에 띈다. 일부러 남겨둔 것 같은데 진정한 프로가 작업한 듯하다.

눈가의 주름을 왜 남겨두었을까? 눈가의 주름은 그 광고 모델이 지금까지 살아온 연표다. 함박웃음은 그녀의 트레이드마크로서 미모를 더욱 돋보이게 한다. 보는 이로 하여금 따라 웃고 싶게 만드는 것이다. 늘 긍정적인 이미지를 보여주는 그녀는 카메라 앞에서뿐만 아니라 평소에도 자주 웃었을 것이 분명하다. 자꾸 웃으니 눈가에 웃음 주름이 생긴 것이다. 앞으로도 이 주름을 인위적으로 없애지 말고 그대로 유지하면 좋겠다.

우리는 매일 일어나는 일들을 얼굴에 기록하고 저장한다. 하루를 짜증으로 끝냈다면 그날은 수지가 맞지 않는 장부를 마감한 것과 같다. 성경에서는 그날의 화를 다음 날까지 쌓아두지 말라고 한다. 그때그때 화를 풀어서 산뜻한 기분으로 다음 날을 맞이한다면 분명히 좋은 인상의 사람이 될 것이다.

해외여행을 많이 다니는 분의 말씀이 한국인들은 어디서든 눈에 띈다는 것이었다. 옷차림이 세련되어 있고 명품 가방을 들고 다니기 때문이란다. 그런데 잘 웃지 않아서 더 눈에 띄는데, 같은 한국인을 마주쳐도 도통 웃지 않는다고 한다. 여행지에서도 대부분의 한국인은 사진을 찍느라 분주하게 움직인다. 어디 어디를 다녀왔다는 증거를 마련하려고 말이다. 이런 조급함 때문에 여행지에서도 미소를 짓지 못하는 게 아닐까?

한국인의 조급함은 조급한 행동으로 이어지고 조급한 표정을 만든다. 인상이 나빠지는 것이다. 알고 보면 누구나 인상이 좋은 사람을 좋아하는데 말이다. 우리도 이제 좀 여유를 갖고 살면 어떨까? 우리나라에도 길거리에서 모르는 사람끼리 마주쳤을 때 말없이 상냥한 미소를 짓는 날이 왔으면 좋겠다.

바탕색을 어둡게 칠하면
어두운 그림이 된다

전에 읽은 칼럼들 중 기억나는 것이 있다. 새로 이사 간 집에서 아랫집 할머니가 밤에 소음이 났다고 화를 냈는데 알고 보니 다른 집에서 난 소음을 오해한 것이라는 이야기다. 그런데 그 할머니가 정작 소음을 낸 이웃에게는 화를 내지 않았다는 것을 이해할 수 없었다.

그 할머니가 하신 말씀은 더욱 상처가 되었다.

"애기 엄마가 인상이 너무 친절해 보여서 그래. 만만해 보이니 내가 너무 말을 막 했나 보네."

'친절한 사람은 만만하니 막 대해도 좋다는 건가?' 하는 생각에 회의가 들었다는 내용이다.

"너, 그렇게 웃고 다니면 만만하게 보지 않니?" 그런 말을 듣는 사람들이 있다. 얼굴 자체가 웃는 상이어서 항상 헤벌쭉 웃고 다니는 사람 말이다. 그런 말에는 웃고 다니면 만만하게 보여서 남들에게 무시

당하거나 악용당할 거라는 선입견이 깔려 있다.

미국의 유명 기업인은 송사에 자주 휘말린다. 근로자들이 걸핏하면 데모를 하고 소비자들이 고발을 하는 것이다. 그러면 최대한 보상을 해 주고 직원들 복지에 신경을 쓰곤 했다. 사실 그 회사는 다른 회사에 비해 근무 환경이 좋고 제품의 품질이 뛰어난 곳이다.

그런데 그렇게 송사에 휘말리는 이유는 사건을 해결하는 과정이 인간적이고 또 결과도 좋기 때문이다. 그래서 사람들이 그 회장에게 좀 깐깐하게 굴라고 말한다. 그때마다 회장이 하는 말이 인상적이다.

"물론 내가 비인간적으로 해결하고 깐깐하게 굴면 사람들이 악용하는 사례는 줄겠지만 좋은 사람도 오지 않으려 할 것이다. 나는 몇몇 나쁜 사람 때문에 좋은 사람들과 함께하는 행복을 버릴 수는 없다."

참으로 멋지지 않은가? 우리나라 속담에도 이와 비슷한 말이 있다. '구더기 무서워서 장 못 담그랴?'다. 구더기가 무서우면 맛있는 장을 먹는 것도 포기해야 한다.

건강에 있어서도 마찬가지다. 아토피가 생기는 주요 원인 중 하나가 너무 청결한 환경이다. 위생에 있어서 지나친 결벽주의가 유익한 균도 함께 죽이는 결과를 낳는다. 그리고 너무 맑은 물에 고기가 살 수 없듯이 너무 깐깐한 사람 주변에는 좋은 사람도 모여들지 못한다.

깐깐하지 않은 성격에 넉넉한 마음을 지닌 사람, 그의 마음에 드나들 수 있는 대문 역할을 하는 곳은 과연 어딜까? 바로 얼굴이다. 우리는 한 사람의 손톱이나 등 또는 머리카락을 보고 가까이 할지 말지를 결정하지 않는다. 대부분 그 사람의 얼굴에서 풍기는 인상, 분위기를 보고 결정한다.

인상이 좋아지려면 만만하게 웃고 자주 말을 건네야 한다. 그때 다가오는 사람들 중에는 분명 나에게 해로운 사람도 있고 유익한 사람도 있을 것이다. 하지만 어쨌거나 좋은 사람을 만나는 것이 중요하지 않을까?

사람을 만나는 일은 인생이라는 큰 그림에 있어서 바탕이 되는 것이다. 그 바탕색이 처음부터 어두우면 어떤 그림을 그리더라도 어두운 그림이 된다. 반대로 밝은색의 바탕 위에서라면 다양한 그림을 그릴 수 있다. 때로는 검게 칠한 숲을 그릴 때도 있고, 또 일곱 빛깔 무지개로 채색할 때도 있다. 어떤 그림의 경우 도무지 무슨 색인지 알 수 없다. 그런 그림이 그려지던 시기는 아마 인생의 혼란기였을 것이다. 그러나 원래의 바탕색이 환한 그림은 전체적으로 밝은 모습으로 보인다.

동양화에는 여백이 많다. 그리고 대부분 하얀색이다. 동양화의 여백처럼 여유가 있는 인간관계, 긍정적인 인간관계를 맺을 때 '나'라는 큰 그림이 완성되지 않을까? 젊은 시절에는 특히 인생의 전반적인 그림을 그리느라 머리가 아프다. 밑그림을 어떻게 그려 놓아야 잘 살 수 있는지, 직업부터 배우자까지 고민에 고민을 거듭한다. 문제는 그 계획이 빗나가기 십상이라는 것이다.

미국의 미래학자 다니엘 핑크가 2009년 한국에 왔을 때 다음과 같이 말을 했다.

"젊은 나이에는 계획을 세우지 마세요. 세상은 너무 복잡하고 빨리 변해서 절대 예상대로 되지 않습니다. 대신 뭔가 새로운 것을 배우고 시도해 보세요. 실수는 필연적이겠지요. 하지만 어리석은 실수를 반복하지 않고 멋진 실수를 통해 배울 수 있다면 실수가 자산으로 남을 것입니다."

실수는 새로운 것을 배우고 자산을 만드는 멋진 창구 역할을 한다는 뜻이다. 트위터의 사훈은 '내일은 더 멋진 실수를 하는 것'이다.

나는 앞으로 남들에게 조금 더 만만하게 보이고 실수도 많이 해서, 밝은 바탕색에 그려진 아름다운 그림이 되고 싶다.

상처받지 않으려면
가짜 미소를 판별해야

인간적인 경영 스타일로 책에도 소개되었던 CEO와 대화를 한 적이 있다. 그분은 "이 세상은 승냥이 같은 경쟁 사회지만 일단 인간적으로 살아야 한다. 그래야 사회가 아름다워진다"라고 종종 말씀하셨다. 그래서 자식을 교육할 때, "세상에 나쁜 사람이 많지만 그렇다고 네가 나쁜 사람일 필요는 없다. 나쁜 사람을 알아보는 법을 배워서 피하면 된다"고 가르치신다.

그런데 이를 실제로 적용하기가 쉽지 않다. '웃는 낯에 침 못 뱉는다'라는 속담도 있듯이 우리는 자신에게 친절하게 대해 주는 사람에게 잘도 넘어간다. 거절을 못하는 사람들은 휴대폰 매장 직원들에게는 최고의 고객이다. 현란한 말솜씨와 미소만 있으면 고객이 현재 잘 쓰고 있는 휴대폰도 매장을 나올 때쯤이면 고가의 최신형으로 바꾸어 놓을 수가 있다.

인간관계를 보더라도 정이 많아서 자신은 마음을 다 주었는데, 상대방은 이익 때문에 친절을 보였을 때 상처를 안고 돌아서는 경우가 흔하다. 특히 착한 심성을 가져서 남을 잘 믿는 사람들은 사기꾼의 표적이 되곤 한다.

남들의 거짓 친절에 깜빡하고 잘 넘어가는 사람들이 알아두면 좋을 팁이 있다. 바로 가짜 미소와 진짜 미소를 구분하는 것이다. 거짓말쟁이들은 가짜 미소를 지을 확률이 높다. 가짜 미소는 대략 다섯 가지로 분류할 수 있다.

첫째, 오래 지속하는 미소다. 진짜 미소는 짧지만, 가짜 미소는 10초 가까이 지속되는 경우도 있다. 저절로 웃음이 나오는 게 아니라 처음부터 대뇌의 명령에 따른 것이기에 가능한 일이다.

둘째, 비대칭을 이루는 미소다. 오른손잡이인 경우 왼쪽 입꼬리가 더 높이 올라가고, 왼손잡이인 경우 오른쪽 입꼬리가 더 올라간다. 일부러 의식하여 표정을 지을 때는 우세한 대뇌반구가 더 강한 신호를 보내기 때문이다.

셋째, 갑자기 중단되는 미소다. 진짜 미소는 서서히 사라지는 데 반해 가짜 미소는 칼로 무를 자르듯이 순식간에 중단된다.

넷째, 입 주위만 움직이는 미소다. 이때 뺨을 억지로 부풀어 오르게 하기도 한다. 진짜 미소는 눈은 가늘어지고 입은 커지며 뺨은 위로 불룩해진다.

다섯째, 너무 일찍 또는 너무 늦게 나타나는 미소다. 자연스레 감정에 따라 나오는 미소와 달리 엇박자가 나는 것이다. 진짜 감정이 표현되는 얼굴 표정은 몸동작과 동시에 만들어진다.

이렇듯 진짜와 다른 가짜 미소를 판별할 줄 안다면 상처를 입거나 사기를 당할 확률이 훨씬 줄어들 것이다. 표정을 읽는 법도 공부를 해야 한다. 정리하자면, 주로 입과 눈, 뺨의 움직임을 관찰하면 되는 것이다. 이때 눈과 입의 표정 신호가 상충될 경우에는 눈의 신호가 우세하다고 한다.

아버님이 돌아가신 지 얼마 안 된 친구가 모임에 나온 적이 있다. 그 친구는 자신을 위로하는 사람들에게 괜찮다고 하면서 좀처럼 슬픈 내색을 하지 않으려고 애썼다. 미소를 머금고 웃기도 했다. 그런데 두 눈에 슬픔이 가득 고여 있었다. 이를 두고 '눈은 마음을 비추는 창'이라고 하는 이유일 것이다.

사회생활에서 인간관계가 차지하는 비중은 상당하다. 이때 사람을 잘 알아볼 줄 안다면 훨씬 수월하지 않을까? 게다가 가짜 미소를 가려내고 진짜 미소를 반겨주는 일, 이는 인간적이면서도 합리적인 사회 시스템을 만드는 데 꼭 필요한 것이 아닐까 한다.

가짜 미소의 특징

첫째, 너무 오래 지속한다.
둘째, 비대칭을 이룬다.
셋째, 갑자기 중단된다.
넷째, 입 주위만 움직인다.
다섯째, 너무 일찍 또는 너무 늦게 나타난다.

표정 읽기가 더욱
중요한 시대

　그 사람에 대해 잘 모를 때 첫인상을 판단하는 방법 중 가장 일반적인 것은 인사가 아닐까 한다. 우리는 인사성이 밝은 사람에 대해 이미지가 좋다고 생각한다. 그런데 적어도 우리 눈에는 특이한 인사법을 가진 나라들이 있다. 티베트에서는 자신의 귀를 잡아당기면서 상대방을 향해 자신의 혀를 길게 내밀어 인사한다. 우리나라에서는 놀리는 것으로 오해받기 딱 좋은 인사법이다.

　에스키모족의 인사법을 모르면 소송까지 벌여야 할지도 모른다. 에스키모 인들이 인사할 때는 상대방의 뺨을 치기 때문이다. 몽골족은 상대방을 껴안고 몸 냄새를 맡는다. 우리가 보기엔 위생상 문제가 되는 인사법도 있다. 동아프리카의 키쿠유족은 상대방에게 침을 뱉는다. 물이 귀한 지역이기에 자신의 체액을 주는 것으로 최고의 환대를 하는 것이다.

보디랭귀지도 나라마다 해석이 다른데 어떤 것은 우리와 반대이다. 예를 들어 우리나라에서는 엄지를 치켜드는 것이 '최고'라는 뜻이지만 그리스나 일부 아프리카 지역에서는 심한 욕이다. 그리스에서는 우리에게 승리를 뜻하는 'V자 표시'가 욕으로 인식된다.

이처럼 나라마다 인사법이나 보디랭귀지가 그 나라 문화에 따라 다양한 방식으로 표현된다. 그런데 공통된 것이 있다. 바로 사람의 얼굴 표정이다. 사람들은 오랫동안 사람의 표정에 대한 해석이 문화적 영향이라고 생각했다. 그러나 연구 결과 사람의 중요한 표정은 나라나 인종에 상관없이 공통적으로 해석된다고 한다.

예를 들어 파푸아뉴기니의 고원지대에 고립되어 살아가는 사람들은 텔레비전을 본 적이 없다. 하지만 서구인들이 짓는 표정의 의미를 똑같은 의미로 해석한다. 이들도 눈썹을 올리는 표정을 깜짝 놀랐다는 뜻으로 읽는 것이다.

사람의 감정은 말보다는 몸짓이나 표정으로 표현된다. 즉 이성적인 사고는 언어로, 감정의 상태는 비언어적으로 드러낸다. 그리고 이 감정을 표현하는 곳이 얼굴이다. 이 얼굴 표정을 읽는 것은 우뇌의 전문 분야다. 사람의 감정을 잘 읽는 사람은 우뇌형 인간인 셈이다. 아무리 정교한 컴퓨터일지라도 인간의 감정을 구별해내는 것은 어렵다.

다니엘 핑크는 《새로운 미래가 온다》라는 책에서 미래에 필요한 인재의 조건으로 우뇌형 인간을 말하고 있다. 그리고 미래에 필요한 재능으로 하이콘셉트, 하이터치 감성을 강조한다.

'하이콘셉트' 재능은 트렌드와 기회를 포착하고, 예술적 감성적 아름다움을 창조하는 능력이다. 스토리를 만들어내고, 서로 다른 아이디어를 결합해 새로운 것을 창조하기 때문에 새로운 시대에 반드시 필요한 재능이다.

'하이터치' 재능은 공감을 이끌어내는 능력으로, 다른 사람들과 상호 작용을 할 때의 미묘함을 이해하고, 그들과 즐거워하며 이를 전파하는 능력이다. 평범한 일상에서 목표와 의미를 이끌어내는 하이터치 능력은 요즘처럼 복잡하고 다변화된 세상에서 중요한 능력으로 부각되고 있다.

사회적 동물인 인간은 또한 감정의 동물이다. 즉 의사소통 시 감정을 주고받으면서 생존해온 것이다. 만약 인류가 기본적으로 이기적이고 사회성이 부족했다면 오래전에 멸망했을 것이다.

행동경제학의 가장 유명한 실험 가운데 하나로 '최후통첩 게임'이라는 게 있다. 이 실험은 두 사람 중 한 사람에게 100달러를 주고 마음대로 나누라고 했다. 그런데 대부분 반반씩 나누거나 30~40달러를 상대에게 주고 자신이 조금 더 갖는다. 즉 사피엔스들은 냉정한 수학 논리를 따르기보다는 훈훈한 사회적 논리에 따라 행동하는 것이다.

우리는 감정의 지배를 받는다. 그리고 그 감정을 드러내는 곳이 얼굴이다. 얼굴 표정은 만국 공통어인 셈이다. 태어난 지 얼마 안 되는 아기들도 사람의 표정을 보고 기분을 알아차린다고 한다. 표정을 읽는 능력은 선천적이기 때문이다.

표정 읽기는 인간의 생존 본능과 관련이 있다. 인류를 지속시켜준 얼굴 표정, 그리고 상대방의 표정 읽기는 우리 사피엔스들이 아주 잘하는 전문 분야다. 그리고 그 능력을 더욱 발전시켜야 하는 '하이터치' 시대가 오고 있다.

영상 매체 중독에서
벗어나자

　지금은 분유 광고를 보기 힘들지만 몇 년 전만 해도 텔레비전에는 분유 광고가 넘쳐났다. 하루는 앵커가 다급한 어투로 뉴스를 전했다. 모유의 초유 성분에서 중금속이 엄청나게 많이 나왔다고 말이다. 그래서 내용을 자세히 들으려고 귀를 기울여 보았는데 별다른 내용 없이 그걸로 끝이었다. 내가 듣고자 한 것은 초유 시기에만 중금속이 검출되고 그다음부터는 안 나온다는 건지, 그리고 그 초유에 들어 있는 중금속의 양이 아기에게 치명적인지 아닌지가 알고 싶었다. 그러나 기대와 달리 초유에 중금속이 많이 나온다는 이야기로 끝이었다.

　그래서 그 뉴스가 끝나기만을 기다렸다. 광고 협찬 업체를 보려고 말이다. 아니나 다를까 분유 업체가 협찬을 했다. 결국 뉴스를 빌려서 모유를 먹이지 말고 분유를 먹이라는 광고를 한 것이다. 방송 매체는 광고 수익으로 먹고 사니 어쩔 수 없다고 하더라도 그 뉴스를 듣고 판단해야 하는 수많은 아기 엄마는 어떻게 될까?

역시 다음 날 아기를 키우는 엄마들은 모두 그 뉴스에 대해 이야기했다. 그 당시는 나도 아기를 출산한 지 얼마 안 되었을 때이기에 육아 정보에 관심이 많았다. 평소 온갖 정보를 섭렵하던 이웃집 엄마는 그 뉴스를 듣자마자 모유 수유를 갑자기 중단해버렸다. 그 뒤로 값비싼 수입 분유를 먹인다고 했다. 모유가 아기와 엄마에게 좋다는 맘 카페 정보를 철썩 같이 믿었던 엄마였다. 그런데 뉴스 하나 때문에 마음을 바꾼 것이다. 영문도 모르는 아기는 엄마 품에서 떨어져 나가 고무 젖꼭지로 갈아타게 되었다. 그 엄마는 너무나 많은 것을 알거나 믿고 있었다. 그 결과 온갖 걱정으로 늘 인상을 썼다.

대부분의 성인은 저녁 식사 후에 텔레비전을 본다. 이제는 케이블 채널까지 생겨서 좋은 드라마나 교양 프로그램, 예능 프로그램이 넘쳐난다. 그런데 시청 시간이 너무 길다는 게 문제다. 특별히 집중하지 않아도 화면 내용을 파악할 수 있는 건 방송 연출 기법 덕분이다. 스트레스로 지친 현대인들은 귀찮은 건 딱 질색인데, 텔레비전 화면은 귀를 기울이지 않아도 웬만하면 자막까지 나오므로 쉽게 볼 수 있다.

텔레비전 안에는 온갖 정보가 넘쳐난다. 마치 수많은 퍼즐 조각을 무한정 보여주는 식이다. 그 퍼즐을 맞추는 건 온전히 각자의 몫일 수밖에 없다. 지금 알고 있는 지식은 6개월만 지나면 쓰레기통으로 들어가는 일이 허다하기 때문이다. 사실 지상파 방송의 뉴스만 보고 그날 하루 동안 우리나라에서 일어난 모든 일을 다 알았다고 하는 건 너무 순진한 생각이다. 방송의 위력은 대단해서 방송된 것은 무조건 진실이라고 믿는 사람들도 있다. 그러나 진실을 알려면 부지런을 떨어야 한다. 관련 서적을 뒤져보기도 하고, 다른 매체의 정보도 찾아보는 식으로 말이다. 그러다 보면 자기만의 판단 기준이 생길 것이다.

우리나라의 독서율은 낮은 편이다. 대신 영상 매체에만 의존하는 경향이 점점 심해지고 있다. 깊은 사색과 통찰은 건너뛰고 남이 편집해 놓은 정보만을 손쉽게 얻으려고 한다. 그러다 보면 점차 자신의 생각은 없어지고 남들과 같이 이리저리 휩쓸리는 것이다. 영문도 모르고 명품 식사(모유)에서 인스턴트 식(분유)으로 바꿀 수밖에 없었던 이웃집 아기 신세가 되는 것과 같다.

자기 생각이 없어지면서 감성도 사라지나 보다. 요즘 아이들의 감성이 너무 메말라서 놀랄 때가 있다. 도덕 시간에 노숙자에서 어렵게 성공한 사람들의 이야기를 보여준 적이 있다. 그때 몇몇 아이들이 그런다. "저게 왜 감동이에요? 그냥 재능이 있어서 성공한 건데."

내가 그 인물이 부모 없이 노숙자 생활한 게 불쌍하지 않느냐고 하니까 왜 불쌍한지 모르겠단다. 그래서 다시 한 번 크게 심호흡을 하고 나서 물었다. "최소한 마음이 약해지지는 않니?" 하니까 "마음이 약해지면 안 되죠. 그러면 남에게 손해만 보잖아요. 사람은 강해야 돼요. 그래야 잘 살 수 있어요" 어린아이의 말이라고 하기는 너무나도 건조하고 이기적인 말로 들렸다.

매스컴이나 휴대폰만 수시로 보는 아이들은 순간적으로 빠르게 지나가는 화면과 자극적인 내용들에 익숙해져 있다. 반면 매스미디어를 멀리하고 책을 많이 읽는 아이들은 감수성이 풍부하다. 책 속에는 다양한 삶의 이야기가 나온다. 그들에게 감정 이입이 되니 슬플 때 울고 기쁠 때 웃는 것이 자연스럽다. 그러나 매스미디어에만 빠져 지내는 아이들은 감정을 천천히 느낄 겨를이 없다. 그저 휙휙 지나가는 내용들을 보고 감정을 빠르게 소비할 뿐이다.

독서 전문가가 하는 강연을 들은 적이 있다. 그는 독서의 가장 큰 장점이 공감능력을 기르는데 있다고 했다. 인류가 지속가능하려면 공감능력이 중요하고 그러려면 독서를 통해 다양한 감정을 이해해야 한다는 것이다. 요즘 현대인들은 대부분 이동 시에는 스마트폰, 집에서는 텔레비전을 보면서 영상 매체에 몰입한다. 잃었던 감성과 공감능력을 되찾기 위해 스마트폰이나 텔레비전 시청에 할애하는 시간을 줄여보자. 그리고 그 시간에 독서나 명상을 하면 어떨까?

얼굴은 마음속의 모든 데이터를 받아서 표현해내곤 하는데 마음속과 정반대되는 표현은 아무리 뛰어난 배우라 해도 어렵다. 즉 마음을 잘 다스리는 것이 얼굴 표정을 만드는 첫 번째 단계라 할 수 있을 것이다. 마음을 다스리는 것은 곧 감정을 다스리는 것이다.

4장

인상이 좋아지는
방법

인상 관리는
세로토닌 관리부터

요즘 초등학생들이 가장 좋아하는 과목이 무엇일까? 이에 말할 것도 없이 체육 과목을 꼽는다. 좋아하는 수준을 넘어서 집착에 가까울 정도다. 이토록이나 체육 시간을 기다리는 이유는 무엇일까? 탁 트인 넓은 공간으로 나가서 진짜 햇빛을 보기 때문이다. 아이들이 웃음을 짓는 시간도 이때다. 한껏 뛰다가 교실로 햇빛을 한가득 묻혀온다.

내가 어린 시절만 해도 학교 끝나고 나면 하루 종일 밖에서 뛰어놀았다. 그러니 체육 시간이라고 해서 특별히 감동할 일이 없었다. 동네 아이들과의 더 격한 놀이들이 기다리고 있었기 때문이다. 같이 뛰어놀다가 싸우기도 하도 다치기도 했다. 그러면서 관계와 진정한 웃음을 배워나갔다.

그때의 아이들이 요즘 아이들보다 행복했던 걸까? 그 당시엔 소아 우울증이라는 말을 들어본 적이 없다. 요즘은 유명한 소아정신과 의사인 경우 여섯 달 정도 기다려야 상담을 받을 수 있다. 하루 종일 건물 안에서만 보내니 당연한 일이다.

햇빛에서 소외되는 건 아이들만이 아니다. 대부분의 직장인은 아침에 무거운 몸을 일으켜 출근을 하고는 하루 종일 가짜 햇빛(형광등) 속에서 보낸다. 아침엔 행복 호르몬인 세로토닌 수치가 더욱 낮아진다. 월요일 아침이면 누가 말 한마디만 잘못해도 큰일이 난다. 그래서인지 우울증도 많고 소화불량이나 비만 등 각종 질병에 노출된다. 간혹 활기가 넘치고 정서적으로 안정된 이들이 있다. 이들은 무엇이 다를까?

큰 성공을 하고 원만한 대인관계를 이루어가는 사람들에게는 특징이 하나 있다. 세로토닌 신경이 늘 활성화되어 있다는 것이다. 세로토닌은 신경전달 물질로, 뇌에서 세로토닌이 충분히 작용하면 뇌 기능이 활발해진다.

세로토닌은 자세나 인상도 좋아지게 한다. 사람은 중력의 지배를 받는다. 세로토닌은 항중력근이 중력에 맞서도록 해준다. 목, 등뼈 주위, 다리, 눈꺼풀과 안면 근육 등이 항중력근이다. 이는 자세를 꼿꼿하게 유지하도록 도와준다. 무엇보다 표정에 생기가 돌게 한다.

세로토닌이 활성화되면 타인과의 의사소통에서 상대의 표정이나 몸짓 같은 사소한 변화를 알아볼 수가 있다. 이로 인해 대인관계가 원만해진다. 감정 조절도 쉬워지는데 요가나 명상과 같은 수행을 하지 않더라도 평상심을 유지할 수 있다. 걱정거리가 사라지는 건 아니지만 적어도 근심과 불안에 휘둘리지 않게 된다.

그렇다면 이토록 좋은 세로토닌을 어떻게 얻는가? 좋은 방법이 있다. 아침에 일찍 일어나 햇살을 받으면서 30분 정도 가볍게 걷는 것이다. 가볍게 걷는다고 해서 다른 일을 하면서 걸으면 안 된다. 걷는 데 온전히 집중해서 걸어야 한다. 그러면 몸이 가벼워지고 세로토닌이 활성화되어 활기찬 하루를 보낼 수 있다. 돈도 들지 않으며 아침에 1시간 정도만 더 일찍 일어나면 할 수 있는 일이다.

늘 찡그리는 사람에게 인상을 펴라고 하면 대부분 이렇게 답한다.

"내가 얼마나 힘들게 사는 줄 알아? 모르는 소리 좀 하지 마. 내게 인상을 펴라는 건 무리야."

대체 누굴 위해 인상을 펴는 걸까? 자신의 얼굴을 가장 많이 보는 건 자신이 아닐까? 자신의 인상이 좋아지면 그 덕을 본인이 누린다. 사람들이 간과하는 것이 하나 있다. 남의 인상은 수시로 스캔하거나 깐깐하게 굴면서 정작 자신의 인상에 대해서는 관대하다는 것이다. 남들은 나를 꿰뚫어보지 못할 것이라 생각한다.

사람은 누구나 상대방의 인상에 대해 민감하다. 일상생활에서도 안전과 관련해서 남의 인상을 보는 것이 생활화되어 있다. 예를 들어

한밤중 엘리베이터에 낯선 사람과 단둘이 타게 되었다. 그런데 그 상대방의 인상이 험악하면 어떻게 행동하는가? 아마 되도록 그 사람과 멀찍이 떨어진 채 긴장하고 서 있을 것이다. 우리가 편안한 인상을 가진 사람을 선호하는 감정을 반대로 뒤집으면 우리 얼굴이 편안해져야 하는 이유가 생긴다. 그래야 좋은 사람을 가까이 할 수 있다.

좋은 인상을 가지는 것이 추상적이라 생각되는가? 실제로는 단순한 원리가 숨어 있을지도 모른다. 세로토닌과 같은 화학 물질에 지배당하는 경우다. 때로는 미미한 존재에 우리 몸 전체가 항복한다. 작은 암세포 하나가 생명을 앗아가기도 하는 것이다. 행복한 감정을 유지하고 좋은 자세와 표정을 갖는 일은 중요하다. 이제부터라도 인상 관리를 위해 세로토닌을 활성화하는 생활 습관을 들여야겠다.

얼굴 건강
관리하기

한 지인은 억울했다. 얼굴이 늘 붉어서 직장에서 낮에 술을 먹은 줄로 오해받는 일 때문이었다. 술을 좋아하긴 하지만 직장에서 술을 마시는 일은 없었던 그였다. 한편으론 건강검진 때 간 수치가 나쁘게 나왔던 것이 우려되었다. 그래서 우선 체중 조절부터 하기로 결심했다. 술을 끊고 식사량을 줄였으며, 왕복 2시간 거리의 회사를 자전거로 출퇴근했다. 그러자 살이 빠지고 얼굴색이 환해졌다. 이후로는 술을 먹었다고 오해받는 일도 없어졌다. 얼굴이 붉었던 것은 건강에 이상이 있었기 때문이라는 말이 된다. 〈쉰들러 리스트〉라는 영화가 있다. 유태인 학살에 관한 내용의 영화다. 이 영화에서 병들고 약한 유태인을 가려내는 장면이 나온다. 운동장을 계속 뛰게 하다가 쓰러지는 사람을 곧바로 가스실로 데려가는 것이다. 이때 죽을힘을 다해 뛰던 사람들은 일부러 피를 내어 얼굴에 바른다. 혈색이 좋아보이게 하는 것이다. 혈색과 건강은 무슨 관계가 있는 것일까?

약선당 한의원 지승재 한의사는 이렇게 설명한다.

얼굴의 건강에는 혈액순환, 림프순환 그리고 신경이 중요하다. 피부가 혈액에 의해 영향을 받고 노폐물을 림프관으로 배설하며 혈액과 림프의 이동에 근육이 영향을 준다.

첫째, 혈액순환이 잘 되는 피부는 깨끗한 연분홍빛을 띠는데 이는 건강을 상징한다. 스트레스를 받으면 교감신경이 항진되어 심장의 박동이 증가하고 얼굴로 가는 혈액량이 증가하여 얼굴이 연분홍빛보다 붉어진다. 얼굴 피부에 염증이 생겨도 마찬가지다. 반대로 하얗게 변할 수도 있다. 혈액순환이 잘 되지 않는 경우다. 심장이나 폐의 이상으로 인해 혈액 순환량이 떨어지면 처음에는 얼굴이 허옇게 뜬다. 이에 산소 결핍이 심해지면 푸른빛을 띨 수도 있다. 이렇듯 전신의 상태 혹은 특정 장기의 문제가 얼굴에 반영될 수 있다.

둘째, 림프관은 림프액으로 차있으며 면역체의 이동 통로다. 그런데 이 림프액은 스스로 움직이지 못한다. 림프액이 잘 순환되지 않을 경우 얼굴이 푸석푸석하게 붓거나 얼굴빛이 탁하게 느껴질 수 있다. 림프액은 폐의 음압, 근육의 압박에 의해 움직인다. 따라서 원활한 림프액 순환을 위해서는 다음과 같은 요령이 필요하다. 호흡력이 좋지 못한 경우 유산소 운동을 한다. 얼굴 근육의 움직임이 많지 않은 사람은 표정 짓기 연습, 저작 운동을 하면 도움이 된다. 이것도 저것도 싫다면 표정 근육을 움직이고 입 주변을 움직이기 위해 '수다'라도 떨어야 한다.

셋째, 얼굴의 건강에 중요한 마지막 요인인 신경을 살펴보기로 한다. 얼굴 근육을 움직이고 감각 신호를 받는 것이 안면신경과 삼차신경이다. 두 신경의 작용으로 얼굴 근육은 다양한 표정을 지을 수 있을 뿐만 아니라 얼굴의 혈액순환과 림프순환을 돕는다. 안면신경은 눈물샘의 분비에도 관여한다. 관상학에서는 눈빛을 중요하게 보는데, 반짝이는 눈빛을 위해서는 눈물샘의 원활한 분비가 필수적이다. 신경의 작용 역시 얼굴 건강에 큰 영향을 미친다.

평소 표정이 다양하고 잘 웃는 일은 림프순환과 혈액순환을 활발히 하는데 도움이 된다는 이야기다. 웃음이 건강에 도움이 된다는 말이 근거가 있었던 것이다. 반대로 표정이 별로 없고 말수가 적은 사람은 얼굴 건강에는 최악인 셈이다.

실제로 친구랑 신나게 수다를 떨고 집으로 들어온 날은 내 얼굴이 예뻐 보인다. 그 전엔 심리적인 이유인 줄 알았는데 알고 보니 의학적으로도 말을 많이 하면 혈액순환이 잘 되어서 그런 셈이다.

얼굴은 건강의 지표 역할을 한다. 좋은 인상과 아름다운 얼굴을 가지려면 건강 관리가 필수인 것이다. 미인은 잠꾸러기라는 말이 있다. 잠을 충분히 자면 건강해지고 그러면 피부색이 맑아지니 건강한 피부색을 가질 수 있다. 흔히 건강과 외모를 별개의 것으로 생각해서 건강에 소홀히 하는 경우를 본다. 그런 경우 아무리 비싼 화장품을 발라도 소용이 없다. 건강을 관리하지 않고 좋은 피부를 가질 수는 없는 것이다.

정신적인 건강도 얼굴색에 영향을 미친다. 예를 들어 사랑에 빠지면 볼이 발그레해진다. 이는 적당히 혈액순환이 되는 상태다. 얼굴의 혈액순환이 잘 되니 혈색이 좋아진다. 또한 자기도 모르게 살며시 웃는 표정이 되니 림프순환도 활발해진다. 여기에다 안면신경이 관장하는 눈물샘 분비까지 활발해져 촉촉한 눈망울이 된다. 예뻐지려면 연애하라는 옛말이 맞는 것이다.

혈색이 좋고 투명한 피부를 가진 사람은 좋은 인상을 풍긴다. 좋은 인상은 자신을 나타내는 가장 효과적인 방법이다. 좋은 피부를 가지려면 건강을 먼저 관리하라는 말이다. 사실 그 전에 스트레스부터 줄여야 하지 않을까?

 얼굴의 건강을 관리하려면

1. 혈액순환이 잘 되게 한다: 전신의 건강이 얼굴에 반영되므로 건강을 꾸준히 관리한다.
2. 림프순환이 잘 되게 한다: 자주 웃거나 아니면 수다라도 자주 떤다.
3. 신경이 중요하다: 평소 다양한 표정을 지어서 안면신경을 활성화시킨다.

긍정 유전자
스위치 켜는 법

성경에 나오는 인류 최초의 조상은 아담이다. 어느 날 그가 혼자 사는 것이 외로워 보이자 하나님은 최초의 여자인 이브를 만들어 주셨다. 그리고 이때 아담의 갈비뼈 하나가 재료로 사용되었다. 그러면 아담의 후손인 남자들은 현재 갈비뼈가 하나 부족할까? 그렇지 않다. 후천적인 신체의 변화는 유전되지 않기 때문이다. 그런데 그때의 경험은 후손에게까지 유전인자로 전달되는 것일까? 우리는 성경에서 악역으로 등장한 뱀을 보면 징그럽고 기분이 좋지 않음을 느낀다. 특히 뱀 눈을 보면 교활함이 느껴진다. 눈빛이 좋지 않은 사람의 눈을 두고 '뱀 눈'이라고 비유하기도 한다. 엉뚱한 논리이지만 후천적인 경험이 유전된다는 것을 밝힌 연구는 많다.

〈파리, 텍사스〉라는 영화가 있다. 황량하게 무너진 가정과 고독을 다룬 이야기인데 주인공의 아들이 몇 년간 헤어져 있던 엄마를 만나는 장면이 나온다.

　서로를 본 아들과 엄마는 각각 두 손으로 자기 머리를 쓸어 넘기는 동작을 한다. 그 동작은 엄마의 오래된 습관이다. 엄마와 아들은 무의식적으로 동시에 같은 동작을 하는 것이다. 꽤 오래전 영화인데 그 장면을 보면서 일상의 습관도 유전이 되나 하는 생각이 들었다.

　연구에 따르면 유전인자는 일단 유전되었다 해도 그것이 발현되는 데에는 변수가 따른다고 한다. 암 가족력이 있다고 해도 암에 걸리는 사람과 걸리지 않는 사람이 있는 것처럼 말이다.

　자기가 물려받은 유전자 중에서 어떤 유전자 스위치를 켤 것인가는 전적으로 본인에게 달려 있는 셈이다. 이는 아들러의 긍정 심리학에서도 많이 다루어지고 있다. 즉 유전자 중 자기가 목적하는 결과에 맞는 스위치가 켜지는 것이다. 그리고 이는 가족처럼 가까운 대상에게 많은 영향을 준다. 학교에 있다 보면 부모와 자식의 표정이 판박이인 것을 많이 본다.

　이전에 재직하던 학교에서 유명인 자녀가 우리 학교에 다닌다는 소리를 들었다. 그런데 나는 그 학생의 학년만 알고 있었는데도 누군지 한눈에 알아볼 수 있었다. 웃는 모습이 부모와 판박이였기 때문이다. 그 학생의 이목구비는 부모와 딱히 닮았다고 할 수는 없었지만 그 유명인과 똑같은 눈웃음을 짓는 습관이 있었다.

그 학생은 교우 관계가 원만했고 생활 태도도 반듯했다. 반대로 늘 울상인 학생은 그 엄마도 똑같이 울상이다. 그리고 그런 학생은 부정적인 생각과 행동을 하는 경우가 많다. 무심코 짓는 평소의 표정이 그 사람의 생각을 나타낸다. 그리고 그 표정은 말과 행동으로, 또 습관으로 굳어진다.

그리고 이는 결국 건강에 영향을 미친다고 한다. 일본의 저명한 의사인 무라카미 가즈오는 자신의 저서《성공하는 DNA, 실패하는 DNA》에서 유전자가 똑같아도 어떤 유전자가 켜지고 꺼지느냐에 따라 질병에 있어서 차이가 있다고 주장한다.

예를 들어 억지로라도 웃고 긍정적으로 생각하는 훈련을 한 사람들의 유전자를 분석해 보았다. 그 결과 훈련하기 전과 후의 유전자 상태가 많이 달라졌다는 것을 알 수 있었다. 즉 세포를 활성화하고 대사를 원활하게 하는 유전자는 평소보다 활발해졌는가 하면, 스트레스를 유발하는 유전자는 둔화되었다. 즉 미소를 짓는 일상의 훈련을 통해서도 유전자 스위치가 조절될 수 있는 것이다.

긍정적인 유전자의 스위치를 켜자. 그럴 마음이 도저히 나지 않는다면 억지로라도 웃는 표정을 만들어 보자. 저절로 긍정적인 생각이 들 것이다. 이를 증명한 실험들이 많이 있다. 실제로 학교에서 학생들을 대상으로 실험을 해 본 적이 있다.

아이들에게 연필을 물고 어제 있었던 일을 쓰라고 했다. 그러자 대체로 기분이 좋았던 일을 썼다. 그리고 연필을 물지 않고 같은 실험을 했다. 그러자 부정적인 경험을 쓰는 학생이 생겨났다. 연필을 물고 있을 때는 웃는 표정이 되어 자연스레 긍정적인 생각을 하게 된 것이다.

우리는 '웃을 일이 있으면 그때 웃겠다'라고 말하곤 한다. 그런데 실제로 그렇게 하다간 결코 웃을 일이 생기지 않는다. 거꾸로 해보면 어떨까? 즉 좋은 일이 생기나 안 생기나, 일단 한번 웃어보는 것이다. 그러면 주변의 사람들이 '무슨 좋은 일 있어?' 하면서 자기도 알려달라고 조를 것이다.

그것만으로도 긍정 에너지를 내뿜게 된다. 조금 실없어 보이면 어떤가? 이제는 우리의 DNA에 오랫동안 후천적으로 획득되어 내려온, '유교 사상의 유전형질'을 조금은 버려도 되지 않을까?

뒤센의
미소 짓기

'뒤센의 미소(Duchenne's Smile)'라는 것이 있다. 광대뼈가 봉긋하게 올라오면서 입과 광대, 눈이 함께 웃는 미소다. 기욤 뒤센이라는 프랑스 신경학자가 사람이 활짝 웃을 때 광대뼈와 눈꼬리 근처의 근육이 움직여서 이런 미소를 만든다는 걸 발견하고 이름이 지어졌다.

이는 진짜 미소를 일컬으며, 이 근육은 불수의근으로 자발적으로 조절하기가 어렵다고 한다. 여기서 눈꼬리에 잡히는 주름은 진성으로 행복할 때만 생길 수 있는 것으로 가식적인 웃음을 지을 때는 생기지 않는다.

미국에서 1960년대에 한 여자 대학교 졸업생들이 단체로 사진을 찍었다. 모두 141명이었는데 그로부터 30년 뒤에 그들이 어떻게 살고 있는지 지속적으로 조사해 보았다. 그랬더니 어떤 학생들은 행복하게 살고 있었고, 어떤 학생들은 불행하게 살고 있었다. 그 차이는 무엇이었을까?

졸업 앨범에 해답이 있었다. 졸업 앨범 사진을 찍을 때 찡그리는 사람은 없을 것이다. 대부분 미소를 짓는다. 하나의 차이가 있긴 했다. 진짜 웃음과 가짜 웃음이다. 즉 '뒤셴의 미소'를 지었던 사람은 그 후로도 행복했고, 가짜 미소를 지었던 사람은 불행했다.

가짜 미소란 미국에서 '팬암 미소(항공사 승무원의 미소)', 우리나라에서는 '미스코리아 미소'라고 부른다. 입만 억지로 웃는 미소다. 눈가에 주름이 보일까봐 일부러 입만 웃는 경우도 있다.

미스코리아 미소를 보면서 따라 웃고 싶은 사람은 없을 것이다. 오히려 얼마나 입이 아플까라는 생각을 한다. 반대로 진짜 미소는 전염성이 있다. 이는 인간의 사회적 특성을 보여주는 징표다. 인간은 다른 사람이 웃는 모습을 볼 때 자신의 웃음 근육이 불수의적으로 수축한다고 한다. 다윈은 "인간은 미소 짓는 법을 배울 필요 없이 그냥 미소 지을 수 있으며 사회적인 미소는 행복할 때 자연스럽게 나온다"고 말하며 미소는 인간의 본능이라고 강조했다.

아기가 머리가 좋은지 안 좋은지 알려면 자주 웃는지 보라는 이야기가 있다. 즉 사람 얼굴을 보며 방긋 웃는 아기들은 사회성이 발달된 아기다. 자기가 웃으면 사람들이 "아이 예뻐"라는 말을 하게 되고, 이를 학습한 아기들은 예쁨을 받으려고 자주 웃게 된다는 것이다.

나는 이를 거꾸로 써먹었다. 첫아이를 낳았을 때 아무도 예쁘다는 말을 하지 않았다. 그래서 사람들에게 우리 아기한테 예쁘다고 하면 웃는다고 말을 했다. 내가 평소 연습을 많이 시킨 뒤였다. 사람들이 내 말을 듣고 반강제적으로 우리 아이한테 예쁘다는 말을 할 때마다, 우리 딸은 방긋 웃었다. 그 모습을 보면서 이번엔 진심으로 사람들이 "아이 예뻐"를 연발했다. 웃는 아기는 웬만하면 예뻐 보이니 말이다. 그리고 우리 아이는 이렇게 사랑을 받으니 점점 예뻐져갔다.

'미소 성형'은 아기한테만 해당되는 이야기가 아니다. 아무리 못생긴 사람이라도 매력적으로 웃으면 예뻐 보인다. 단 진짜로 행복하게 느껴서 웃는 웃음이어야 한다. 모 인기 여가수의 눈웃음은 매력적인 것으로 유명하다.

텔레비전에 나오는 그 가수의 미소를 보고 여자인 내가 봐도 예쁘다고 하자, 옆에 있던 친구가 말했다.

"저 가수가 한 번 웃을 때마다 빌딩이 한 채씩 올라간대. 지 여자의 웃음은 엄청 비싼 거지."

한 번 웃을 때마다 정말 빌딩이 올라가는지는 모르지만 평소 그녀의 삶이 행복해 보여서 그 웃음이 진짜라는 생각이 든다.

나중에 행복하게 산 미국 여자 대학교 졸업생들이 졸업 앨범에서만 행복하게 웃은 건 아닐 것이다. 평소에도 잘 웃는 얼굴이었기 때문에 사진 속에서도 진심으로 웃을 수 있지 않았을까? 성격 자체가 긍정적인 성향일 수도 있다.

사람은 혼자 살아가는 존재가 아니다. 그녀들이 잘 웃는 습관은 쉽게 행복해지는 습관인 셈이다. 평소 그 웃음이 가족에게로 친구들에게로 직장 동료에게로 전해졌을 것이다. 웃음에는 이처럼 전염 효과가 있다고 한다. 돈 한 푼도 들지 않고 그 효과가 평생 동안 지속되는 일이 하나 있다. 그것은 진심으로 행복해하며 웃는 삶이다.

돈 안 들이고 하는
셀프 성형

성경에는 '과부의 기름병' 이야기가 나온다. 한 여인은 남편이 죽자 아들 둘과 빚만 남게 되었다. 그러자 한 선지자가 도와주겠다면서 집에 있는 재산을 가져와 보라고 말한다. 그때 과부가 기름 한 병을 가져가자 이웃에서 빈 그릇을 되도록 많이 빌려 오게 한다. 그리고 그 빈 그릇들마다 끊임없이 기름이 채워지는 기적이 일어난다. 과부는 그 기름을 팔아 빚을 갚고 생활하게 되었다.

과부의 빈 그릇은 무엇을 말하는 걸까? 이웃이라고 해서 빈 그릇을 쉽사리 빌려주지는 않았을 거라 예상된다. 아마 그 과부는 덕망이 높았을 것이다. 또 다른 비결이 있다. 그릇을 빌리러 갔을 때 우는 상이었으면 빌려주었을까? 선지자가 생계를 해결해 줄 것으로 믿었으니 희망찬 얼굴로 갔을 것이다. 빈 그릇을 빌린들 무슨 소용이 있겠냐며 의심했다면 복을 받지 못했을 것이다.

위기가 닥칠 때 우리는 불안과 의심을 떨쳐버릴 수가 없다. 곧바로 얼굴이 어두워진다. 누가 봐도 "나는 지금 불행해요"라고 쓰여 있다. 그래서는 자신의 삶을 개선할 수가 없다. 성경 속의 과부처럼 위기에서 기회를 찾으려면 좋은 인상과 긍정적인 믿음이 있어야 한다.

내가 아는 70세 여자분이 있다. 그녀는 초등학교만 졸업하고 곧바로 생활 전선에 뛰어들었으나 60세가 넘어서 검정고시로 중학 과정과 고등학교 과정을 모두 마치고 대학과 대학원까지 마쳤다. 최근에는 자신이 살아온 삶을 담은 개인 저서까지 출간했다.

'수미스카프'를 이끌고 있는 이순희 씨 이야기다. 그녀는 남편의 사업이 망하자 동대문 시장에서 스카프를 팔아 재기에 성공했다. 그때 하나의 원칙을 세웠다. 시장에서 장사를 하는 사람들 중에는 인상을 쓰면서 남편을 무시하는 여자가 많았다. 그 과정에서 '나는 저렇게 살지 말아야지' 하는 다짐을 했고 늘 웃는 상을 만들려고 노력했다.

그 습관은 마음만 먹어서 되는 일이 아니었다. 실천이 중요했다. 그래서 매일 입에 연필을 물고 연습한 결과 입꼬리가 올라간 얼굴을 만들었다. 그녀는 현재 항상 웃는 얼굴을 하고 있다. 만약 남편 사업이 부도났을 때 그대로 주저앉았다면, 또 시장에서 악을 쓰고 남편을 깎아내리는 생활을 했다면 어떻게 되었을까? 평생 자신을 고생시킨 남편을 원망하느라 되는 일도 없어서 부정적인 인상으로 변했을 것이다.

자신이 앞으로 남은 인생 동안 복을 받을 수 있는지 없는지를 알 수 있는 방법이 있다. 이건 예언자 수준의 검사 방법이니 믿어도 좋다. 간단하다. 입매가 위로 올라가서 누가 봐도 기분이 좋아지는 얼굴이라면 합격이다. 그 얼굴은 마치 성경에 나오는 과부의 빈 그릇이 되어 복을 채울 수 있게 된다. 그 기름은 돈일 수도 있고, 자식 복일 수도 있고, 건강일 수도 있다. 각자가 원하는 종류의 기름을 자기 인생에 듬뿍 받는 길, 그것은 입매를 디자인하는 것이다.

직업상 입매가 저절로 바뀐 이도 있다. 한 강사는 버스 운전기사들을 상대로 친절 교육을 했다. 오랫동안 강연하다보니 버스 정류장에만 서 있으면 아는 기사 분을 마주치게 되었다. 평소 강연을 할 때 외에는 무표정하던 그녀였지만, 입꼬리를 올리고 다닐 수밖에 없었다. 그러자 인상이 한결 좋아지고 감사하는 습관이 몸에 배게 되었다.

표정을 만들고 마음을 가다듬는 일은 실천이 어렵다. 무의식의 세계와 의식의 세계를 끊임없이 넘나들어야 하므로 먼저 마음이 지친다. 이럴 땐 마음보다 몸을 먼저 작동하는 습관을 들이는 건 어떨까? 거울에 비친 자신에게 이렇게 말하는 것이다. "돈 드는 것도 아닌데 인상 좀 펴지?" 왜 그래야 하냐고? 다른 건 몰라도 한 가지는 확실하게 말할 수 있다. 그 '셀프 성형' 효과는 길고 깊고 크다.

좋은 인상을 위한
습관

외국으로 이민을 가서 사는 한국인들이 한국에 잠시 놀러 와서 하는 말들이 있다. 한국인들은 왜 웃지 않느냐는 것이다. 한국인들은 항상 딱딱한 표정을 짓거나 화가 나 있는 표정이라고 한다. 유교적인 영향이 아직까지 남아 있어서일까? 하지만 막상 대화를 해 보면 마음은 그렇지 않다는 것을 알아챈다. 어려운 사람을 보면 잘 도와줄 만큼 속정도 많고 따뜻한 모습을 볼 수 있다.

언어적으로 볼 때도 우리나라 사람들은 서양 사람들에 비해 표정이 풍부하지 않다. 우리나라 말은 발음 자체가 입을 크게 벌리지 않아도 말할 수 있어서 입 주변의 근육이 발달하지 않았다. 따라서 우리나라 사람들은 자연스럽게 입꼬리를 잘 올리지 못한다. 영어권 사람들은 발음의 특성상 입 주변의 근육이 발달되어 있는데, 이에 따라 표정이 풍부하다. 영어 사용자는 대화만 해도 표정 트레이닝이 가능한 셈이다.

우리나라 사람도 입을 크게 움직이면서 말을 하면 발음이 명확해져서 상대방이 자신의 말을 쉽게 알아들을 수 있다. 또한 표정 트레이닝이 저절로 되어 인상까지 좋아진다.

그렇다면 좋은 인상은 어떤 얼굴을 말하는 것일까? 이를 위해서 굳이 관상학자들의 설명을 듣지 않아도 된다. 시대마다 좋은 관상에 대한 해석이 다르기 때문이다. 예를 들어 좋은 남자의 관상을 설명한 책을 본 적이 있다. 해석이 덧붙여 있었는데 그 관상 책 내용대로 충실히 그려보면 딱 부처님 얼굴에 외계인 같은 체형이 나온다고 한다. 그런 얼굴과 체형은 요즘 시대와는 맞지 않을 것이다.

딱히 표준을 정하지 않더라도 느낌이 좋은 얼굴이 있다. 즉 전체적으로 부드럽고 둥글둥글한 이미지, 단아하거나 반듯한 이미지가 좋은 인상을 준다. 이는 시대가 바뀌어도 변하지 않는 좋은 인상이다.

일상 속에서 인상이 좋아지게 만드는 쉬운 습관이 있는데 다음과 같다.

첫째, 얼굴의 좌우가 균형을 이루도록 한다.

둘째, 두 눈이 반달 모양이 되게 한다.

셋째, 윗니만 보이게 웃는다.

넷째, 입가가 위로 올라가도록 한다.

다섯째, 머리부터 가슴까지 일직선이 되도록 편다.

이처럼 인상을 노력해서 만들려고 하는 것이 인위적이라 느껴질 수도 있다. 하지만 이는 평균적으로 인상이 좋은 사람들의 모습이니 참고할 만하지 않을까? 사실 내 얼굴을 가장 많이 보는 건 나일 것이다. 늘 찡그린 표정을 짓는다면 그걸 보는 내 기분이 좋을 수가 없다. 반대로 내가 내 얼굴을 볼 때 환하게 웃는다면 나 자신부터 좋은 기를 받을 것이다.

얼굴의 어원은 '얼이 드나드는 굴'이다. 우리에게 '얼'은 보이지 않는다. 하지만 정신이 옷을 입어서 드러나는 곳이 바로 얼굴이다. 보잘 것없는 정신세계를 가진 사람은 얼굴도 보잘것없는 셈이다.

이런 사상은 서양에도 존재한다. 영국의 철학자 루트비히 비트겐슈타인은 "얼굴은 육체의 영혼이다"라고 말했다. 얼굴은 사람의 신체에서 차지하는 비율이 그다지 많지 않음에도 불구하고 그 사람의 정체성을 나타내는 수단이다. 우리가 누군가를 사랑하고 그리워할 때 그 사람의 얼굴을 떠올리는 이유일 것이다. 누군가 내 얼굴을 자주 떠올린다면 그만큼 행복하지 않을까?

막간 주춤거림 구간이
중요하다

김연아 선수가 피겨 스케이팅을 할 때 사람들은 손에 땀을 쥐었다. 특히 트리플 악셀 같은 고난이도 기술을 구사하기 직전에는 긴장감이 최고조에 다다랐다. 고난이도의 기술들은 라이벌인 아사다 마오도 꽤 잘했다. 그런데 김연아가 하는 연기는 아사다 마오와 달랐다.

아사다 마오는 고난이도 기술을 펼치기 직전, 그러니까 기술과 기술을 하는 사이에 긴장하는 기색이 역력했다. 그러나 김연아 선수는 그 사이의 시간조차 연기로 메웠다. 이처럼 눈에 잘 드러나지 않는 부분을 아름답게 마무리하는 것은 무한 경쟁에서 살아남는 기술 중 하나가 될 수 있다.

요즘 전 세계적으로 한류가 대세지만 그중에서도 특히 한국 드라마는 인기가 높다. 그 인기 요인에는 여러 가지가 있겠지만 무엇보다 세련된 연출 기법이 한몫할 것이다. 한국 드라마가 지금은 세련되었다고 평가받지만 내가 어릴 때만 해도 어색한 연출이 눈에 띄었다.

예를 들어 큐 사인이 떨어지기 직전에 배우가 연기를 준비하는 과정이 카메라에 잡혔던 것이다. 배우가 슬픈 표정을 지어내려고 몰입해가는 중, "레디 액션!" 하고 감독이 외치면 그제서야 연기를 하곤 했는데, 그 과정이 고스란히 시청자들에게 비춰지곤 했다.

편집 기술이 발달한 덕분인지 요즘은 그런 어색한 부분이 화면에 드러나지 않는다. 이런 '막간의 주춤거림'을 보는 사람은 불편하고 어색하다. 이런 주춤거림은 사람의 표정에도 있다.

〈너의 목소리가 들려〉라는 드라마가 있었다. 거기서 남자 주인공에게는 사람들의 머릿속 생각이 귀에 들리는 초능력이 있다. 그런데 그 능력이 부럽다는 생각은 버리는 게 좋다. 주인공이 길을 걷는 장면이 있었다. 사람들은 평소 체계적이거나 긍정적인 생각을 하지 못한다. 주로 뒤죽박죽이거나 남을 미워하는 등 부정적인 생각을 한다. 그러니 듣기 좋은 꽃노래도 아닌데 얼마나 괴로울까? 늘 주춤거림과 갈등 속에 보내는 것이 대부분 사람의 일상이다. 그 주춤거림을 그대로 스캔해서 받아주는 곳이 있다. 바로 얼굴이다. 얼굴은 머릿속을 통째로 표현한다. 평소 갈무리가 잘 된 생각을 하는 사람이 정갈한 표정의 소유자가 되는 건 당연한 일이다.

얼굴은 마음속의 모든 데이터를 받아서 표현해내곤 하는데 마음속과 정반대되는 표현은 아무리 뛰어난 배우라 해도 어렵다. 즉 마음을 잘 다스리는 것이 얼굴 표정을 만드는 첫 번째 단계라 할 수 있을 것이다. 마음을 다스리는 것은 곧 감정을 다스리는 것이다.

감정은 뇌의 작용이다. 그리고 감정은 유전적 성향, 기억, 생존 환경에 복합적으로 작용하기 때문에 변화의 속도가 느리다. 그래서 사물과 사건에 대한 감정은 감정보다 행동을 먼저 바꾸었을 때 가능하다고 한다. 조건반사 회로를 뇌 속에 형성하면, 자동적으로 반복 행동이 실행되기 때문이다.

주춤거림은 멍하게 있는 것과는 다르다. 멍하게 하는 것도 뇌에는 휴식이 될 수 있기에 좋은 작용을 한다. 그러나 자꾸 부정적인 생각이 비집고 들어오는 갈등 속의 주춤거림은 평소 나쁜 표정을 만드는 데 일조한다. 여럿이 모인 장소에서 무심히 찍힌 사진들을 보면 대개 눈살을 찌푸리고 있는 자신을 발견하게 될 것이다.

막간의 부정적인 생각들이 얼굴에 드러나고 그것이 사진에 찍힌 것이다. 그럼 어떻게 밝은 표정을 만들 수 있을까?

뇌의 원리를 이용해 보자. 늘 행복한 장면을 보도록 노력하고 좋은 생각을 하는 것이다. 그리고 나에게 일어난 일인 것처럼 늘 행복하게 웃는 것이다. 미국의 시인이자 화가였던 E. E 커밍스는 '인생에서 가장 쓸모없이 보낸 날은 웃지 않고 보낸 날들'이라고 말했다.

우리는 대부분의 시간을 '부정적인 막간의 주춤거림'으로 낭비한다. 인생의 대부분은 이것도 저것도 아닌 애매한 것들로 가득 차 있기 때문이다. 인생에서 어려운 문제에 부딪힐 때마다 여유 있게 대처하고 그 사이도 의미 있고 행복하게 보내는 것, 그것은 바로 단정하고 올곧은 내면을 가꾸고 밝은 표정을 짓는 일이다.

웃음도
닮을 수 있다

어릴 적 우리 집에는 아주 못생긴 인형이 있었다. '못난이 세 자매'라는 인형이었다. 얼굴이 까무잡잡하고 바가지 머리에다가 주근깨투성이의 여자아이들이 책상다리를 하고 앉아 있는 인형이었다. 그 중에서 한 인형은 울고 한 인형은 찡그리고 한 인형은 웃고 있었다. 그런데 하필 사람들이 우는 인형이 나를 닮았다고 한 것이다.(아빠는 친절하게도 우는 인형 하나만 큰 것으로 사다가 나에게 안겨주기도 하셨다.)

실제로 그 당시 나는 코가 납작하고 주근깨투성이의 못생긴 아이였다. 고모는 우리 집에 올 때마다 내 코를 잡고는 아빠가 돈을 많이 벌어야 한다고 하셨다. 나중에 나에게 코를 성형수술 해 주려면 말이다.

또 그 당시 하도 잘 울어서 내 별명이 '울보'이기도 했다. 그때부터 볼이 통통하고 가무잡잡하고 주근깨투성이의 그 인형은 나의 분신으로 느껴졌다. '못난이'라는 별명을 가진 나였으니까 말이다.

그 인형은 오랫동안 나에게 무의식적인 영향을 끼친 것 같다. 그 인형 때문인지 나는 내가 못생겼다고 생각하면서 살았다. 실제로 아기 때부터 초등학생까지는 못생긴 편에 속하기도 했다. 하지만 꼭 그렇게 못생겼다고 콕 집어서 이야기를 했어야 했는지 부모님이 야속하기만 하다. 그 일은 어릴 적 나의 자존감이 바닥을 치던 원인 중에 하나이기 때문이다.

그 당시에는 집집마다 '못난이'라는 이름으로 불리는 여자아이들이 많았다. 딸이 많은 집 아이들이 주로 그랬다. 아들 없이 딸만 내리 낳은 게 한이 맺혀서인지도 모른다. 반대로 큰 집에는 위로 아들이 둘에다 막내로 딸을 낳았는데 가족들이 무척이나 예뻐했다. 이름이 따로 있는데도 꽤 자랄 때까지 '공주'라는 애칭으로 불리었을 정도다. 얼마나 부러웠는지 모른다.

무의식을 지배하는 것이 무섭다는 것을 느낀다. 특히나 눈에 보이는 인형 같은 것은 사람의 정체성을 형성하는데 영향을 끼치기도 한다. 영화 〈아바타〉에서 가상현실 속에 그 사람을 대신해서 캐릭터가 살아가는 이야기처럼 말이다.

너무 예쁜 인형은 외모지상주의를 부추기기도 한다. 요즘 여자아이들이 선호하는 바비 인형은 전형적인 서구 미인을 닮았다. 그 결과 일찍부터 아이들이 외모지상주의에 빠지는 건 아닐까? 그 인형을 가지고 노는 여자아이들은 자신도 그 인형처럼 예쁘길 바랄 것이다. 그 욕구는 커서 성형 욕구로 자연스레 연결된다.

'큰 바위의 얼굴' 이야기가 있다. 산 위의 바위 얼굴을 매일 바라보면서 닮아간다는 이야기다. 큰 바위 얼굴은 요즘으로 치면 유명 아이돌의 역할을 한 셈이다. 아이돌 사진을 휴대폰에 저장해놓고 매일 보는 아이들은 아이돌 몸매와 헤어스타일을 따라한다.

처음 교사로 발령받은 시골 학교 동네에는 쌍둥이 산이 있었다. 또 그 마을에는 쌍둥이가 유독 많았다. 그 마을 사람들에 의하면 밥을 하다가 부엌에서 먼 산을 바라다 보게 되는 데 그때 쌍둥이 산이 눈에 들어온다고 했다. 그 결과로 쌍둥이를 많이 임신했다는 이야기다. 진짜인지는 알 수 없지만 일리가 있다는 생각이다. 자신이 매일 바라보는 것으로 인해 자신의 모습이나 심지어 태아의 모습까지 변한다고 한다.

이러한 원리는 뇌 과학적으로도 설명될 수 있다. 뇌 과학 연구회 이사인 지승재 한의사는 뇌 과학 원리를 적용한 육아서 《자기조절력이 내 아이의 미래를 결정한다》를 통해 다음과 같이 말한 바 있다.

아이의 얼굴에 부모 표정이 깃든다. '아이의 얼굴이 부모의 얼굴을 닮는 것은 당연하지 않는가?'라고 반문할 수도 있겠다. 그러면 다른 질문을 던져보기로 한다. '부부는 닮는다'는 말을 어떻게 설명할 수 있을까? 이에 대한 대답은 뇌 과학에서 쓰는 '거울 뉴런(mirror neuron)'이라는 용어에서 찾아볼 수 있다.

내가 항상 웃음 짓고 있다면 어떤 일이 벌어질까? 일단 뇌에서 감정을 다루는 '편도체'가 활성화되면서 실제로 기분이 좋아진다. 그리고 아이들은 나를 항상 잘 웃는 사람으로 인식할 것이다. 그 웃음에 동화되어 함께 웃게 되고 기분도 좋아진다. 아이의 성향도 밝고 긍정적으로 바뀔 가능성이 크다. 웃는 상이 되는 것이다.

결국 우리는 자주 보는 사람이나 사물을 닮아가는 것이다. 내가 매일 바라보는 것이 무엇인지 돌아보면 어떨까? 만약 내 주위 사람이 불만스런 얼굴을 하고 있다면 나에게 불만이 있다는 이야기다. 그 인상이 좋아지게 하려면 내가 그 불만을 먼저 해결해 주면 된다.

하지만 무엇보다 먼저 챙길 것이 있다. 내가 평생 가장 많이 보는 건 내 얼굴이다. 당연히 내 얼굴이 좋아지게 해야 한다. 특별히 거울을 보는 횟수가 많은 사람은 더욱더.

마치 선물을 준 셈치고 하루하루를 산다면 어떻게 될까? 사실 오늘 하루가 나에게 주어진 것도 선물일 수 있다. 아침에 온전히 눈을 뜰 수 있는 것이 누군가에게는 무척 부러운 일이다. 그러니 나도 오늘 하루를 선물을 주듯이 마무리하는 것이다. 내가 뭘 노력했는지 뭐가 안 되는지 생각하지 않는 것이다. 그냥 하루를 내 손에서 떠나보내 버리자.

5장

일상에서
행복 찾기

행복도
공부해야 한다

인상이 좋은 사람의 특징은 무엇일까? 우리는 누구나 인상이 좋은 사람이 되길 원한다. 하지만 그런 사람의 특징이 무엇인지 알아보는 일에는 관심이 없는 듯하다. 인상이 좋은 사람들은 돈이 더 많거나 특별히 스펙이 화려할까?

그렇지 않다. 내 경험에 의하면 인상이 좋은 사람들은 어느 직업, 어느 연령에나 존재한다. 부탄 사람들은 인상이 좋다. 행복하기 때문이다. 그들은 가진 것은 없지만 일상을 소중히 여기고 가족들과 보내는 시간을 중요하게 여긴다.

요즘 '소확행(작지만 확실한 행복)', '워라밸'이라는 말이 유행이다. 우리도 일상에서 행복 찾기가 시작된 것이다. 몇 년 전만 해도 서점에는 온통 돈 벌기나 성공 공식에 관한 책들이 넘쳐났다. 그런 책을 보면 마치 다 성공하고 누구나 부자가 될 것 같다. 하지만 그렇지 않다는 것을 서서히 깨닫게 되었고, 심지어 성공을 하고 부자가 되어도 행복하지 않은 사람들이 많아졌다. 이전 시대에 비해 행복하기 위한 조건이 다양해지고 까다로워진 것이다.

'배부르고 등 따뜻하면 행복'이라는 시절도 있었다. 춥고 배고픈 시절의 이야기다. 또한 성공하고 이름을 날리면 행복한 거라고 외치던 때도 있었다. 이는 고도의 경제 성장 시기에나 가능한 이야기다.

지금 시대는 이전 시대보다 잘 살지만 가슴은 더욱 공허해지고 있다. 공감능력이 떨어지고 가족이 쉽게 해체되고, 치열한 경쟁 구도 안에서 이기적인 사회 풍토가 조성되고 있다. 이에 반사적으로 일상에서 나만의 소소한 행복을 찾는 사람들이 늘어나고 있다.

결국 행복은 밖이 아니라 안에서 찾아야 한다. 그 안에는 무엇이 들어 있는지 꺼내야 한다. 마술사가 형형색색 스카프를 모자에서 끝없이 꺼내듯, 내 안에서 끄집어내야 할 행복거리를 생각해 보자. 얼마든지 딸려 나올 것이다. 그렇게 마음만 먹으면 말이다.

불량식품을 만나면
쿨하게

어릴 때 읽은 이솝 우화 중에 〈여우와 신 포도〉라는 이야기가 있다. 포도밭을 지나던 한 여우가 포도를 따 먹으려고 했지만 손이 닿지 않자 어차피 그 포도는 시어서 먹지 못할 거라고 말하며 떠난다는 내용이다. 요샛말로 '쿨한 척 좀 할 줄 아는' 여우 이야기다. 그 뒤로 여우는 어떻게 되었을까?

한번 상상을 해 본다. 여우는 이 일을 계기로 후사를 도모한다. 먼저 열심히 운동을 해서 자신의 점프력을 키운다. 농구 선수처럼 훌쩍 뛰어서 손으로 딸 수 있게 말이다. 그리고 영양을 충분히 섭취하고 잠도 푹 자서 자신의 키를 키운다. 키가 커지면 손을 뻗어서 포도를 쉽게 딸 수가 있다.

그보다 더 높은 곳의 포도를 따기 위해서는 긴 장대를 준비한다. 다음으로는 과일의 숙성도를 체크해서 딸지 말지를 알려주는 '과일 당도 체크기'를 하나 장만한다. 그러면 어떤 포도를 따게 되더라도 후회할 일은 없을 것이다.

우리 아들이 어렸을 때 나는 '과일맛 젤리'를 가지고 다녔다. 바로 과일의 신맛과 향이 강하게 나는 불량식품 같은 젤리였다. 남자아이들은 한 자리에 오래 있으면 짜증을 낸다. 그래서 가지고 다니던 비상 간식이었다.

하지만 어느 순간부터 걱정이 되었다. 아들에게 충치가 생기기 시작하면서부터다. 그 후에는 아주 급할 때만 젤리를 먹였다. 그런데 하루는 아들이 차 안에서 젤리 한 통을 입에 다 쑤셔 넣는 게 아닌가. 순간 아이의 이도 걱정되고 한참이나 남은 장거리 운전도 걱정되어서 젤리를 빼앗았다. 그러자 아들은 목젖이 보일 정도로 크게 울어댔다.

순간 괘씸한 생각이 들었다. 아니 산삼이라도 빼앗겼단 말인가? 아이 몸에 좋은 것이라면 내가 아무리 비싸더라도 구해서 입에 넣어주었을 것이다. 하지만 몸에 안 좋은 젤리를 빼앗은 엄마에게 그렇게까지 떼를 쓰고 울고불고 하는 모습에 화가 났다.

그런데 가만 보니 내 모습이 그랬던 것 같다. 일이 안 풀릴 때는 왜 나에게만 이런 일이 일어났는지 원망스러웠다. 그런데 내가 놓친 일들이 사실은 별로인 것들이라 나에게는 다행이었다는 걸 뒤늦게 알게 되는 경우가 있었다. 전에는 불량식품인줄 몰랐을 뿐이다.

예를 들어 입사 면접에서 탈락한 회사가 곧 부도가 났다. 그 후 그 회사 직원들은 월급을 다 떼였다고 한다. 또 나를 매몰차게 차버린 남자가 알고 보니 양다리를 걸치고 있었다는 것을 나중에 알게 되었다. 내가 차이지 않았으면 속아서 계속 만났을 것이다.

여우가 끝까지 머리를 써서 포도를 땄다고 생각해 보자. 하지만 그 포도가 덜 익었다면 배탈이 났을 것이다. 결과적으로 질병까지 얻고 시간을 낭비한 셈이 된다.

인생에서는 늘 선택과 집중을 해야 한다. 하지만 우리에게는 '만능 당도 체크기'가 없다. 지금 따야 할지 아니면 지나쳐야 할지 알 수가 없다. 시간이 흐른 뒤라면 알 수도 있지만 대체로 이미 늦은 경우다. 그러면 어떻게 해야 할까?

여우의 지혜가 필요하다. 쿨한 척 해보는 것이다.

"저 포도는 아직 덜 익었어. 지금 먹으면 배가 아플 거야. 그러면 약값이 더 들겠지."

자신이 놓친 것들에 대해 미련을 갖고 힘들어하는 것보다는 차라리 그건 '불량식품'이라고 말하는 것이다. 지나고 보니 실제로도 그런 경우가 더 많았다. 어차피 우리는 신이 아니니까 모든 것을 미리 알 수도 없다.

대신 돌아서서 자신만의 당도 체크기를 완성해 가는 것이다. 정확

도가 99%에 가까워질 수 있는 정밀한 기계를. 인생에는 이렇듯 과감
히 포기할 줄도 아는 지혜가 필요하다.

나를 키운 건
팔할이 결핍

퇴근 후 도서관에 들렀다가 우리 학교 학생을 만났다. 다른 아이들은 학원에 있을 시간에 도서관에 오는 것이 신기해서 자주 오느냐고 물었다. 곧 이어진 그 학생의 대답을 듣고 가슴이 아팠다. 부모님이 두 분다 늦게 들어오시고 자기네 집은 형편이 안 되어서 학원에 못 다닌단다. 다들 학원에 가서 놀 친구가 없으니 도서관에서 책을 읽는 것이다.

그 친구가 기가 죽은 듯이 보이진 않았지만 혹시 그럴까봐 이렇게 말했다.

"괜찮아. 너는 더 잘 될 거야. 친구들은 어차피 학원에서 문제 풀이만 하잖아. 너는 책을 통해서 더 많은 지식과 지혜를 얻을 테니까. 진짜 창의력은 독서에서 온단다."

실제로 그 학생은 어휘력이 좋고 생각이 깊다. 한번은 수업이 끝나자 나에게 노트 한 권을 내밀었다. 그 학생이 직접 쓴 동화를 볼 수 있었다. 새까맣게 연필로 꾹꾹 눌러 썼는데 어린애가 썼다고 보기에는 스토리가 제법 탄탄하다.

내가 칭찬해 주니 무척 기뻐하며 "이미 목차까지 만들어 놓았고 그 내용을 다 채워서 책 한 권을 완성할 것"이라고 했다. 기특했다. 남들은 학원에 가서 공식을 외우거나 집에서 게임이나 할 시간에 그런 창작 활동을 하다니.

무엇보다 어려운 환경을 탓하지 않고 자신의 꿈을 찾은 게 다행이다. 지금처럼 환경에서 비롯된 결핍을 성장의 에너지로 활용할 수만 있다면 나중에 큰 인물이 될 것으로 믿는다.

어렸을 때 나에게는 다들 가지고 있는 전과(초등학교 교과서 전 과목이 해설되어 있는 종합 참고서)가 없었다. 그래서 숙제하는 시간이 남들의 서너 배는 걸렸다.

친구들은 수학 문제의 답을 베끼면 되었고, 국어는 낱말 뜻을 조사하거나 문단의 요점을 그대로 베껴 쓰는 식으로 숙제를 해왔다. 그러나 나는 수학 문제를 일일이 풀어야 했다. 국어는 본문 주제를 쓰는 것과 문단 요점 정리에 많은 시간이 걸렸다. 낱말 풀이 숙제를 할 때에는 국어사전을 일일이 찾아서 썼다.

그런데 지금 생각해 보니 내가 숙제한 방식은 더할 나위 없이 좋은 국어 학습인 셈이다. 실제로 나는 중·고등학교에 진학해서는 국어 공부를 따로 한 적이 없다. 다른 친구들은 아무리 공부를 해도 국어 성적이 오르지 않는다고 투덜댔다. 지금 내가 작가가 된 것도 그렇다. 전과 없이 숙제를 직접 해결하는 과정에서 어휘력이나 문장력이 길러진 듯하다.

학원에서 문제 풀이식 공부만 하는 학생들은 학문을 탐구하는 습관을 기를 수 없다. 수업 시간에 맥이 빠질 때가 있다. 열심히 수학의 원리를 가르쳐 주는 도중 학생들의 불만을 들을 때다. "그런 거 복잡한데 왜 해요? 학원에서 가르쳐준 공식대로 하면 금방 풀리는데요."

학원을 다니는 학생들이 당장 점수가 잘 나오긴 한다. 그러면 학부모들은 학원을 맹신하게 되어 장기적인 안목의 교육과는 학생들이 영영 멀어진다. 더 큰 문제는 교육보다 '인생'이라는 주제가 훨씬 더 장기전이라는 데에 있다.

정규적인 교육을 받는 시기는 전체 인생을 놓고 볼 때 매우 짧다. 하지만 평생교육의 개념으로 보면 이야기가 달라진다. 게다가 요즘은 지식의 사이클이 짧다. 평생교육을 받아야 한다는 생각을 해야 정보사회에서 뒤처지지 않는다.

그리고 요즘의 교육 방식은 너무나도 기계적이다. 그렇게 공부를 시작하면 일찌감치 공부에 흥미를 잃기 십상이다. 내 주위에서 엄마의 치맛바람으로 대학에 들어간 친구들은 대학 졸업 후에 책은 거들떠보지도 않는 경우가 많았다.

사르트르는 자신이 부르주아로 태어난 것이 작가로 철학자로 살아가는 데 방해물이 된다는 식으로 말했다. 그나마 아버지가 일찍 돌아가셔서 엄격한 할아버지 밑에서 성장한 것이 작가로 성장하는 데 자양분이 되었다는 것이다. 역시 작가나 철학자들은 결핍과 고난을 대하는 방식이 일반인들과 다르다.

나는 찐 옥수수를 좋아한다. 찐 옥수수를 사면 보통 한 봉지에 세 개씩 들어 있다. 그런데 어디서 사든 맛이 있는 것과 맛이 없는 것이 섞여 있다. 맛이 있는 것은 그냥 먹으면 되지만 맛이 없는 것이 나올 때가 문제다. 그때는 여러 가지로 머리를 쓴다. 어떻게 먹으면 맛있게 먹을까 하고 말이다. 그 과정에서 많은 요리법을 공부하게 되고 나만의 새로운 요리를 탄생시키기도 한다.

세상 모든 게 그렇지 않을까? 맛이 있는 것과 맛이 없는 것이 골고루 섞여 있어야 오히려 제대로인지 모르겠다. 우리의 삶에는 풍족함이라든지, 완벽한 경우만 있는 것이 아니다. 이러한 부족함을 밑거름으로 삼아 한발 한발 나아가는 것이 인생의 재미이다.

실수를 했다면
무조건 빠르게 사과하자

돌이켜보면 쓸데없는 일로 고민에 빠졌던 때가 있다. 잠깐만 확인해 봐도 쉽게 알아낼 것을 혼자 오해하고 끙끙 앓는 것이다. 대학을 졸업하고 한 초등학교에 교사로 부임한 후에 있었던 일이다. 그 학교는 강화도 바로 앞의 작은 리 단위의 마을에 있었다. 학교 부근에서 자취를 하는 동안 외롭고 소심해졌나 보다.

게다가 그 학교는 승진에 유리한 점수를 딸 수 있는 곳이기에 베테랑 교사가 대부분이었다. 신입 교사는 더욱 위축될 수밖에 없었다. 그 학교에서는 월요일마다 애국 조회를 했는데 하루는 주름치마를 입고 출근했다. 조회대 앞으로 걸어 나가던 중에 하얀 치마 속에 입고 있던 속치마가 갑자기 땅으로 툭 떨어졌다. 순간 앉아서 추켜올렸지만 전교 학생들 앞에서 일어난 일이라 큰일 났다 싶었다. 게다가 선생님들도 봤을 텐데 앞으로 얼굴을 어떻게 보나 하고 며칠간 속으로 끙끙 앓았다.

약 한 달이 지난 뒤 친한 여선생님에게 물어보았다. 그때 사람들이 다 봤느냐고 말이다. 그러자 뭘 봤느냐고 하는 것이다. 그 당시 일어난 속치마 이탈 사건을 말했더니 자긴 못 봤다는 대답이 돌아왔다. 솔직한 성격의 소유자라 믿을 만했다.

혹시 다른 선생님이나 학생들이 보았을까 걱정이 되어 여기저기 알아본 결과 아무도 그 장면을 보지 못한 것으로 확인되었다. 내가 조회대 앞으로 걸어 나갈 때 마침 교장 선생님이 나오고 계셔서 일제히 교장 선생님을 쳐다본 것이다. 나는 그런 줄도 모르고 한 달이나 창피함에 힘들었다. 당장은 창피하더라도 그 당시 선생님들에게 물어보았으면 바로 알 수 있었을 것이다.

모파상이 쓴 단편소설 〈진주 목걸이〉 속 주인공도 그렇다. 친구에게 빌린 진주 목걸이를 잃어버렸을 때 곧바로 친구에게 말했어야 했다. 그랬다면 친구가 모조품이니 괜찮다고 말해줬을 텐데.

안 좋은 일이 생겼을 때 정면으로 돌파하고 해결하고자 하면 주위 사람들이 감동하기도 한다. 연예인들 중에 거액의 빚을 진 후 정면으로 맞서는 사람이 있다. 열심히 일해서 갚을 테니 기다려달라고 하면 감동을 받을 수밖에 없다. 최악의 경우는 큰 빚을 지고 도망가는 경우다.

정치인들이 많이 저지르는 실수도 그렇다. 미투 운동이 한창일 때 과거의 잘못이 폭로된 정치인들마다 대응 방법이 다 달랐다. 어떤 정치인은 자신이 과거를 잘못 살았다고 깊이 반성했다. 하지만 어떤 정치인은 자신에 대한 모함이라고 했다가 더 까발려지는 바람에 큰 비난을 받았다.

사과를 할 때의 타이밍도 중요하다. 학교에서 아이들을 지도하다 보면 아주 사소한 일로 아이들끼리 다툼이 잦다. 그때 최초로 싸움 건 학생을 파악해서 사과하도록 한다. 신기하게도 아무리 심한 욕을 하거나 심지어 때린 경우라도 진심 어린 사과 한마디면 깨끗이 해결된다. 하지만 변명을 하는 학생은 더 큰 비난을 받게 된다.

그 사람이 어떤 사람인지 알아보는 방법이 있다. 그 사람이 곤경에 처했을 때 처리하는 방식을 보면 된다. 즉 실수했을 때 과감히 잘못을 시인하고 용서를 구하는 것이다.

이는 엄격한 법에도 적용된다. 비록 큰 죄를 저질렀더라도 자수를 하고 진심으로 뉘우치면 형이 감면된다. 실수를 했을 때 용기 있게 빠르게 사과하는 것. 그것은 멋진 사람만이 할 수 있는 일이다.

공주와 왕자는
끝까지 행복했을까?

　어릴 적 동화책 내용은 권선징악에다가 해피엔딩이 대부분이다. 착한 사람은 복을 받아 잘 살았다고 끝나고, 공주님과 왕자님도 행복하게 잘 살았다면서 이야기를 끝맺었다. 하지만 성인이 된 이후 삶은 그렇지 않아 보였다. 악인이 더 잘 살고, 불같은 사랑은 이혼으로 끝나거나 바람을 피우거나 한다.

　명작 동화를 폄훼하고 싶은 마음은 없지만, 대부분의 동화가 선남선녀의 한눈에 빠진 사랑을 다룬다. 예를 들어 무도회장에서(요즘으로 치면 나이트클럽에서) 눈이 맞아 여자가 흘리고 간 구두를 찾아 전국을 떠돈다거나, 숲속을 지나다가 공주를 만난다. 그 공주는 기절해 있는지 잠자는지 식물인간인지 모르지만 어쨌거나 예쁘다. 그러니 마음에 들어 제 맘대로 키스를 하고 깨어나자마자 결혼하자고 프로포즈를 한다.

　그렇게 한순간에 눈이 먼 사랑을 한 왕자와 공주는 과연 결혼 생활이 평탄할까? 몇 년씩 연애하고 결혼하고도 몇 달 만에 헤어지는 커플이 많은데 말이다. 동화는 동화일 뿐이지만 그런 황당한 남녀 관계와 밑도 끝도 없는 해피엔딩은 어린아이들에게 잘못된 인생관을 심어줄 수 있다.

나는 열애를 하고 결혼하면 무조건 행복한 줄 알았다. 둘이 가장 이상적인 배우자라고 느껴서 결혼했으니 당연한 일이 아닌가? 사실은 대부분 맞을지도 모른다. 단지 '행복하게 잘 살았다'의 의미가 무엇인지가 중요할 뿐이다.

현실과 싱크로율을 어느 정도 맞추려면 동화책 끝부분의 '행복하게 잘 살았다'를 이렇게 바꿔야 할지도 모른다. "공주님과 왕자님은 행복하게 살았습니다. 하지만 화학적 호르몬의 유통기한인 2, 3년이 지나자 남들처럼 티격태격 싸우고, 내가 왜 당신에게 눈이 멀었는지 모르겠다며 결혼을 후회한다고 말했습니다. 어린이 여러분, 적어도 한눈에 반해서 결혼하는 것은 위험하다는 것을 알아야 해요"라고 말해줘야 한다.

아니면 좀 더 긍정적으로 표현해 보자. '결혼해서 행복하게 잘 살았습니다'라는 결말 밑에다가 각주를 단다. '여기서 행복하게 잘 살았다는 말은, 서로 미워하기도 하고 결혼을 후회하기도 하지만, 애들 때문에 참고 살다가 정과 의리가 생겨서 그냥 살아간다는 것을 뜻함.'

그러면 신데렐라 원작자가 하소연을 할지도 모른다. "그게 제 말이에요. 각주를 달아야 할 필요 있나요? 당연한 이야기인데요. 원래 행복이란 게 여러 가지가 뒤섞인 거지, 그럼 매일 서로 얼굴만 보고 좋아 죽어야만 사랑인가요?" 이렇게 말이다.

이런 각주가 달린다면 동화가 될까? 출판사에서 먼저 거절당할 것이다. 일단 책은 재미있어야 하고 극적인 요소가 있어야 한다. 어쩔 수 없이 판타지가 가미된다. 판타지에 속았다면 그건 독자 잘못이지 작가의 잘못은 아니다. 해리포터 시리즈를 보면서 마법학교에 입학하려는 정신 나간 사람이 있을까? 결국 동화는 동화일 뿐이다.

간혹 행복이라는 것을 '무공해 멸균실'로 생각하는 사람이 있다. 하지만 유익한 균과 유해한 균이 적당히 싸우면서 생존하는 법을 배우는 것, 그런 게 인생이고 그런 게 행복이다. 동화책 결말식 인생은 환상일 뿐이다.

사실은 행복하게 살았다는 의미를 우리가 잘못 해석해 온 것이다. 공주와 왕자는 매일 싸웠지만 행복했을지도 모른다. 그런 게 인생이니까 하면서 말이다.

습관이라는 괴물을
내 편으로

요즘 여자들에게 다이어트는 평생의 과제라고 할 것이다. 심지어는 초등학교 3학년 여학생도 급식 시간에 밥을 조금만 받으려 할 때가 있다. 왜 그러냐고 물어보면 살을 좀 빼고 싶단다. 살점이라곤 찾아볼 수 없는 빼빼 마른 학생인데도 말이다. 언론 매체에서 하도 말라깽이 연예인들을 내세우다 보니 정상 체중인 사람들까지 너도나도 살빼기에 한창이다.

중년이 넘어서면 다이어트를 하는 이유가 더 이상 외모 때문만이 아니다. 사람들 앞에서 음식을 먹을 때 이런 말을 슬쩍 던지는 경우가 있다.

"그만 먹을래요. 요즘 살이 너무 쪄서 조금 빼야 하거든요."

그 말에 정확히 1, 2초 만에 돌아와야 할 "그 정도면 딱 적당한데 뭘" 하는 소릴 은근히 기대하면서 말이다.

하지만 그런 피드백이 돌아오지 않는 순간이 오고야 만다. 그저 멋쩍은 표정으로 "그래, 내가 봐도 정말 그래야겠다" 하거나 아니면 대놓고 "잘 생각했다. 전부터 보니 뒤태가 확 달라졌어. 살을 좀 빼야겠더라. 오래 살려면 말이야"라고 말하는 경우다. 이땐 자존심 같은 것을 논할 수가 없다. 내 수명까지 걱정해 준다는 데야.

이 지경인데도 앞에 있는 음식이 꾸역꾸역 들어간다면 분명 강심장이거나 이 세상에서 살기 싫은 염세주의자다. 최근까지는 그럭저럭 괜찮았다. 다른 이들은 그런대로 돌려 말하니까. 하지만 친정아버지가 내 살에 대해 품평하실 때는 절망을 느낄 수밖에 없었다. 자기 논바닥에 들어가는 물과 자기 새끼 입에 먹을 것이 들어가는 모습이 가장 보기 좋다는 옛말도 있건만.

평생 살이 찐 적이 없던 친정아버지는 20년 전만 해도 자녀들을 앉혀놓고 당당하게 이런 말씀을 하셨다.

"내가 비록 물려줄 재산은 없지만 너희들에게 확실하게 물려줄 것이 하나 있다. 바로 아무리 먹어도 살이 안 찌는 내 체질이다."

아버지께서 그런 말씀을 하실 당시만 해도 당신의 딸들이 모두 날씬한 편이었기에 그 말씀이 와 닿았다. 하지만 바로 밑의 동생이 갑자기 주유소 앞 춤추는 바람 인형처럼 부풀더니 나 또한 마흔 살이 넘어서면서부터 친정엄마 체질로 바뀌기 시작했다. 유전자는 언제 어디서

갑툭튀(갑자기 툭 튀어나올지)할지 모르는 일이다. 그러더니 내 몸이 우리 집안 전체로 볼 때도 매우 드문 체형이 되어가고 있었다. (아버지의 유산은 대체 어디로 사라진 걸까?)

몇 달 전 친정아버지가 나에게 진지하게 말씀하셨다. 평소 하시던 스타일 그대로 나에게 돌직구로, '뚱보'라고 말이다. 그 말씀이 얼마나 충격이었던지 그날 저녁 식탁에서 닭가슴살 샐러드 그릇을 앞에 두고 나는 이것만 먹겠다고 했다. 그랬더니 내 예상과는 다르게 아버지는 "그래, 잘 생각했다. 이제 살이 좀 빠지겠다" 하시는 것이었다.

그때 그 닭가슴살 샐러드는 드레싱 없이 먹었는데도 짜게 느껴졌다. 나의 속울음 탓이었을까?

아버지에게서까지 버려진 기분이었다. 나는 그 뒤로 처절한 다이어트를 시작했다. 그러나 내 몸은 한 번 방향을 굳게 정했는지 절대 궤도를 벗어나려 들지 않았다. 어떤 방법을 쓰더라도 시간이 조금 지나면 지조 있게 원래 자리로 되돌아갔다.

다이어트를 위해 그동안 부작용이 따르는 약물도 복용해 보았고, 남들이 좋다는 운동 방법과 식이요법들을 모두 동원했지만 번번이 실패했다. 그런데 어느 순간 체중이 조금씩 고집을 꺾기 시작했다. 특별한 운동을 했거나 아직 발표되지 않은 신약을 복용한 걸까? 아니다.

바로 '습관의 힘'이다. 내가 평생 실천할 수 있는 방법이 뭘까 고민하다가 아침에 일어나자마자 10분 정도 운동하기, 간식 끊기, 저녁 가볍게 먹기, 저녁에 잠자기 전 20분 정도 가볍게 운동하기 등으로 정했다. 이 정도면 평생 할 수 있다고 생각했던 것이다. 이를 몇 달째 실천해 오고 있다.

그동안 번번이 다이어트에 실패했던 이유는 어느 특정 기간에 특정한 방법을 썼기 때문이다. 당연히 그 방법대로 하지 않으면 원래 체중으로 돌아갔다.

생활 습관으로 만들면 달라진다. 칫솔질을 하는 것처럼 일상이 되어버린다면 평생 날씬이로 살 수 있다. 사실 주위의 날씬이들은 한결같이 이렇게 말해오고 있었다.

"하루 세 끼 한식 위주로 챙겨 먹고 간식은 안 먹어요. 잠을 충분히 자고, 운동도 적당히 하는 편이에요."

유별나거나 돈이 많이 드는 방법은 필요하지 않았던 것이다. 평소 몸에 밴 것들이 슬금슬금 나를 만들어 가고 있었다.

습관이라는 괴물, 이 녀석은 잘만 다스리면 나를 돕는 요정인 '지니'가 되지만, 잘못 다스리면 나를 야금야금 잡아먹는 '괴물'이 되는 것이다. 이 괴물이 과연 살 빼는 것에만 그럴까? 아니다. 그렇다면 오늘부터 이 괴물과 친해져보는 건 어떨까?

비루한 일상에
팔꿈치 찌르기

30년 전쯤 유행했던 음료 광고가 있다. 젊고 매력적인 여자가 남자 친구의 옆구리를 팔꿈치로 슬쩍 찌르는 장면이 나오는 광고다. 이 광고를 따라한 커플들 때문에 남자들 옆구리가 퍼렇게 멍이 들었다는 우스갯소리까지 있었다. 이 한 장면으로 그 여배우는 유명해졌다.

그리고 톡 쏘는 여배우의 이미지가 좋았나 보다. 광고를 통해 '옆구리를 슬쩍 찔린' 남자들은 그 탄산음료를 수시로 벌컥벌컥 마시곤 했다. 그 음료 회사는 한마디로 '옆구리 찔러 절 받기'가 아니라 '옆구리 찔러 돈 벌기'를 한 셈이다.

팔꿈치로 슬쩍 찌르는 행동을 영어로 '넛지(nudge)'라고 한다. 그리고 이 '넛지 이론'이 몇 년 전에 책으로 나와서 많은 사람이 공감하게 되었다. 원래 이 이론은 심리학과 행동경제학 분야의 용어로, 상대방의 행동을 변화시키는 유연한 방식의 선택 설계를 의미한다. 그리고 이 이론을 만든 시카고 대학 교수 리처드 세일러(Richard H. Thaler)는 2017년도 노벨 경제학상을 받았다.

팔꿈치를 찌르는 행위는 사람들의 주의를 가볍게 환기시킬 뿐이다. 그러나 이것만으로도 인간이 본래 가지고 있는 도덕성이나 흥미를 자극한다. 미국 미네소타 주는 세금 체납자에게 보내는 고지서에 '주민의 90% 이상이 이미 세금을 납부했다'는 문구를 새겨 넣었다.

그러자 처벌 관련 문구를 담았을 때보다 납세율이 훨씬 높아진 것도 넛지 효과를 보여주는 사례다. 남아프리카공화국의 빈민가 아이들이 손을 씻지 않아 병균에 노출되자 이 '넛지'가 위력을 발휘했다. 투명한 비누 안에 장난감을 넣어 만들어 아이들이 스스로 손을 씻도록 유도한 것이다. 이를 통해 콜레라, 장티푸스 등의 발병률을 70%까지 낮추었다.

우리나라 대전 지하철역 임산부 전용 좌석에는 인형이 놓여 있다. 임산부가 인형을 무릎에 놓으면 자세가 안정되기도 하고, 일반인이 앉기 민망하게 하는 역할을 한다. 그 전에는 임산부 좌석에 앉는 사람이 많았다. 임산부 입장에서 보면 그 자리 앞에 서서 일어서라고 하기는 힘들다. 게다가 임신 초기에는 신체상으로 눈에 띄는 점이 별로 없기 때문에 임산부가 아닌 것으로 오해를 받기도 한다. 이런 일로 민원이 많아지자 나오게 된 아이디어다. 여기서 이 곰 인형을 임산부 좌석에 놓아두는 것도 '넛지'하는 것에 해당한다. 즉 주의를 환기시키고 흥미를 끌면서 자연스레 바람직한 행동을 유도하는 것이다.

자녀 양육에도 이 넛지 효과를 활용할 수 있다. 하루는 일과 가사를 병행하는 게 너무 힘이 들어 아이들에게 도움을 요청했지만 소용이 없었다. 그래서 어느 날 큼직한 칠판을 사서 거실에 붙여 놓았다. 그리고 이렇게 썼다.

오늘부터 김치찌개- 5000원
　　　　돈가스 -7000원
　　　　옷 세탁- 3000원
　　　　다림질- 2000원

※단, 1. 양말을 뒤집지 않고 제대로 벗어 놓는 사람
　　　 2. 이번 주 재활용 쓰레기 버리기를 도와주는 사람
　　　 3. 자기 방 청소 잘 하는 사람
　　　 4. 밥 먹고 설거지통에 놓고 가는 사람은 **공짜!**

예상대로 그 뒤로 각자 자기 할 일을 조금 더 의식하는 것을 볼 수 있었다. 만약 아이들이 나를 도와주지 않는다고 혼을 냈다면 부모와

자식 간의 관계가 더욱 악화되었을 것이다. 아이들은 아이들대로 항상 핑계가 있기 마련이다. 또 엄마가 참고 무조건 아이들 뒷바라지를 해 준다면 아이들은 자립심 없는 아이들로 자라고, 엄마는 피로에 찌들 것이다.

일상생활에 넛지를 활용하면 어떨까? 일단 삶에 활력이 생길 것이 다. 또 불만이 있는 것은 적절한 넛지를 활용함으로써 자연스레 고칠 수가 있다. 인생을 살아가는 방식에는 여러 가지가 있지만 어쨌거나 이렇게라도 웃으면서 사는 방법을 택하는 편이 좋지 않을까?

휴대폰도 행복도
수시로 충전해야 한다

사업이 힘들어서 우울한 지인이 있었다. 하루는 SNS에 유명 맛집에 갔던 사진을 짧은 글과 함께 올렸다. 그러자 사람들이 맛있겠다면서 부러워하는 반응이 왔다. 그 뒤로도 사업은 힘들었지만 자신이 행복한 일상을 살아가고 있다는 생각에 만족할 수 있었다.

그 후로 맛집을 열심히 다니고 사진을 올리면서 블로그로 제법 이름을 얻게 되었다. 때론 SNS 활동이 나를 객관적인 눈으로 볼 수 있게 해준다. 그깟 맛있는 밥 먹은 게 대수냐고 할지 모른다. 하지만 자신의 여유를 객관적인 눈으로 확인할 수 있는 것만으로도 위로가 된다.

몇 년 전 남편과 사업을 같이 하면서 부부생활에 위기를 맞은 적이 있다. 일단 사업에 대한 견해가 서로 달랐다. 하도 싸워서 이러다가 큰일 나겠다 싶었다. 하루는 내 스스로를 다독이기로 했다. 내가 가입한 카페, SNS 등에 등록했던 인터넷 아이디를 모두 바꿨다. 남편과 나의 영문 이름의 머리글자 뒤에 0101(영원히 영원히)을 모조리 갖다 붙인 것이다. 즉 무슨 일이 있어도 '남편과 영원히 함께 하겠다'는 나 자신에 대한 협박이었다. 그 암호가 힘을 발휘했는지 그 뒤로 싸움이 줄어들고 위기를 극복하였다.

방송에 나와서 자신들의 금슬을 자랑하는 연예인 커플이 있다. 자랑이 무색하게도 그중 몇몇 부부는 얼마 못 가 헤어지고 만다. 그러면 다들 '쇼윈도 부부'였네 하면서 비아냥거린다. 다르게 생각해 볼 수도 있는데, 그들은 그렇게라도 결혼 생활을 유지하려고 하지 않았을까? 사람들 앞에서 잉꼬부부임을 선포하는 것이 족쇄가 되어 노력하게 만들기 때문이다.

내가 어릴 때 노란색 스마일 배지를 다는 것이 유행했던 적이 있다. 배지까지 달고 다니면서 인상을 쓸 수는 없을 것이다. 그 배지처럼 웃으면서 살자는 뜻이지 않을까?

스마일 배지가 특히 필요한 사람이 있다. 원래부터 인상이 좋지 않은 사람들이다. 내가 20대 때의 일이다. 피부 마사지실에 갔는데 마사지가 끝난 후였다. 원장님이 나를 위해 기도를 해 주어도 좋겠느냐고 물었다. 좋다고 하자 내 손을 붙잡고 기도를 해 주시는데 이런 내용이었다.

"이 자매 안에 있는 불안과 의심이 사라지고 얼굴에서 은혜가 드러나도록 해 주세요."

한마디로 인상이 매우 안 좋으니 얼굴 좀 펴라는 말이었다. 그 후로도 내 인상과 관련해서 안 좋은 일들을 자주 경험하게 되었다. 자연히 인상이 좋아지려면 어떻게 해야 하는지 고민하게 되었다. 나쁜 인상 덕분이었는지 하는 일마다 꼬였다. 그래서 주위의 인상 좋은 사람들을 관찰하게 되었다. 좋은 인상을 가진 사람의 사진을 휴대폰 화면에 저장해두고 표정과 미소를 따라했다. 그리고 좋은 인상의 사람들과 가까이 지내려고 했다. 무엇보다 내 마음을 편안하게 다스리려고 노력했다. 그런 노력 덕분인지 지금은 제법 인상 좋다는 소리를 듣는다.

미소, 편안함, 기분 좋음. 이런 단어들은 현상에 따른 결과로 생각하기 쉽다. 자연스레 미소를 짓거나 편안한 행복을 느끼려면 어떤 조건이 충족되어야 할까? 최소 A4 용지 서른 장 정도의 선결 조건이 필요할 것이다. 그 모든 것의 총합이 행복이라 생각할 수도 있다.

그러나 한 가지 조건만 충족되어도 우리는 웃음을 지을 수 있다. 그 조건은 바로 내가 편안하고 좋은 인상의 사람이 되고 싶다는 바람이다. 그 바람은 얼굴에 좋은 인상을 만들어내고, 그 인상은 좋은 사람들을 끌어당긴다. 그리고 좋은 사람들은 내가 하는 일에 도움을 준다. 하는 일마다 잘 될 수밖에 없다.

편안한 인상의 사람이 되는 것은 중요하다. 하지만 평소에 잘 되지 않는다면 방법이 있다. SNS와 같은 다양한 도구를 활용하여 그 누구도 아닌 나 스스로 편안하고 행복하다고 느끼는 것이다. SNS에 찡그린 자신의 사진을 올리는 사람은 없다. 자신의 얼굴을 가장 예쁜 각도로 찍고 포토샵까지 하니 적어도 사진 속의 나는 웃고 있다. 그 사진을 따라 하다 보면 저절로 습관이 되지 않을까?

사소한 일에도
즐거워하기

전철역을 지나는데 국악을 연주하는 듯한 소리가 들렸다. 라이브로 공연을 하나 보다 했는데, 다가가 보니 그게 아니었다. 사람들이 에스컬레이터 옆에 있는 계단을 밟을 때마다 오색 불이 켜지면서 소리가 나는 '음악 계단'이었다. 여학생 둘이서 깔깔거리며 그 계단을 오르락내리락하고 있었다.

어르신들이 그 광경을 흐뭇하게 쳐다보신다. 그 계단에는 한 단을 밟을 때마다 에너지가 생산된다는 글이 쓰여 있었다. 그러나 다들 옆에 있는 에스컬레이터만 이용할 뿐이었다. 에너지를 만들어 내는데다 기분 좋은 멜로디도 들을 수 있는데 말이다. 무엇보다 건강을 챙길 수 있다는 점에서 권장할 만했다. 하지만 다리가 아프고 시간이 아까워서 모두들 에스컬레이터를 이용하는 것일까?

영화 〈빅〉이 생각난다. 피아노 건반 모양의 장치가 신기하게 생각된 톰 행크스는 발로 신나게 연주한다. 그때 다른 사람들도 함께 발로 대형 건반을 밟으며 즐거워한다. 어린아이가 몸만 어른이 되었으니 동심이 고스란히 표출된 것이다. 이렇듯 작은 일에도 기뻐하는 것은 일상 속에서 여유를 챙기는 습관이 아닐까?

최근 운동을 시작했다. 처음엔 가볍게 실내 자전거를 1시간 정도 탔는데 조금만 강도를 높여도 허벅지 근육이 아파 왔다. 그런데 한 달 정도 지나자 최대 강도로 타는데도 자연스레 페달이 밟아진다. 근육이 단련된 것이다.

얼굴에도 근육이 있다. 얼굴에는 60개의 근육이 있는데 표정과 관련된 근육은 35개다. 이 중 찡그릴 때와 관련된 근육은 20개이며, 입꼬리가 내려가고 눈꼬리가 올라가며 미간에 주름이 잡힌다. 반대로 웃을 때는 입꼬리가 올라가고 눈꼬리가 살짝 내려오며 광대가 위로 불룩해진다. 우리가 흔히 좋은 인상을 가졌다고 할 때는 어떤 얼굴을 말하는가? 호감이 가는 배우들의 얼굴을 떠올려보면 알 수 있다.

호감이 가는 좋은 인상은 타고나는 것일까? 한 여자 탤런트는 애교 있는 눈웃음이 매력적인 것으로 유명하다. 그런데 정작 학교 다닐 때는 눈꼬리가 사납다는 말을 많이 들었다고 한다. 번번이 미팅에서 퇴짜를 맞기도 했다고. 그래서 매일 거울을 보면서 예쁘게 웃는 연습을 했다. 그 덕분에 진짜 예쁘게 미소를 짓는 사람이 되었다. 즉 인상은 만들어지는 것이다.

아무리 좋은 습관이라도 자리를 잡기까지는 시간이 걸린다. 처음엔 어색하기도 하다. 그러나 운동에 중독이 되면 하루도 쉬고 싶지 않듯이, 미소를 짓는 습관도 그러하다.

그런 습관이 생기면 미소 짓는 근육이 발달되어 별것 아닌 일에도 미소가 번지게 된다. 좋은 습관은 한번 만들어 놓으면 평생 써먹을 수가 있다.

시간의 무게를
견뎌야 한다

나이가 들어 경험이 많아지니 처음 보는 사람에게서 여러 가지 정보를 읽어낸다. '저 사람은 참 좋은 기운이 흐른다' 아니면 '마음 속에 억울함이 꽉 차 있다' 등 말이다.

실제로 사귀어 보면 처음 갖게 된 생각이 대부분 맞는다는 걸 알게 된다. 이는 연륜이 주는 선물이 아닐까?

얼마 전 텔레비전에서 유난히 맑은 기를 뿜는 젊은이를 발견했다. 사람을 처음 볼 때 눈길이 가는 부분은 바로 피부 톤과 입꼬리 방향이다. 피부가 전체적으로 맑고 윤기가 있으면 호감이 간다. 게다가 입꼬리가 위로 살짝 들려 올라가 있으면 긍정적이고 선한 사람이라고 느껴진다.

딱 그렇게 생긴 젊은이가 나타난 것이다. 처음 보는 남자 가수인데 폴 킴이라고 했다.

어려 보이는데 우리나라 나이로 서른한 살이나 된다고 한다. 알고 보니 가창력도 뛰어나고 좋은 노래를 잘 만드는 실력자다. 실력에 비해 늦은 나이에 데뷔한 것이다.

그 과정에서 그가 들은 가장 힘든 말은 '폴 킴은 절대로 데뷔할 수 없을 것'이라는 말이었다고 한다. 그런 식으로 희망을 꺾어버리는 사람들이 있다.

그럼에도 불구하고 자기 자신을 믿고 끝까지 밀어붙인 용기가 대단하게 보인다. 그런 경우 아무리 힘들어도 자신을 믿고 버티는 수밖에 없다. 그 기간에 절망하고 남을 원망하면서 지냈다면 그의 얼굴이 그토록 맑지 못했을 것이다. 그가 만든 자작곡 〈길〉이라는 노래는 그때의 심정을 표현한 것이라고 한다.

여태 뭐하다 준비도 안했어

다 떠나고 없는 아직 출발선

사람들은 저기 뛰어가는데

아직 혼자 시작도 못 했어

죽을 만큼 힘들게 하고 있냐고

노력하고 있냐고

열심히 사는 척하며 눈치만 보게 돼

시계는 나를 자꾸만 보채

서둘러야 해

(중략)

하루만 해도 수십 번

나에게 물어 정말 자신 있냐고

여기서 멈춰버리면 후회할 것 같아

모두가 나를 위로해

그만하면 됐다고

조금 더 조금만 더 가면 늘 꿈꾸던 세상

닿을 것만 같아

다시 눈뜨면 여긴 추운 겨울

버틸 수 있을까

두렵지만 가야 할 길

                    - 폴 킴, 〈길〉의 가사 중에서

이 노래에는 남들이 저만치 앞서 나가고 있는데, 아직 출발도 못했을 때 심정이 고스란히 담겨 있다. 정신과 의사인 스캇 펙이 쓴 책 《아직도 가야 할 길》이 떠오른다.

인생이라는 여정은 늘 불안하고 길다. 중간에 멈춰서고 싶을 때도 있지만 그럴 수가 없다. 가다 보면 항상 억울하고 외롭다. 그러나 여전히 꾸역꾸역 참고 가야 하는 것이다.

미국에서 있었던 일이다. 한 축구 광팬이 후반전 축구 경기를 관람하다가 경기장에서 나와 권총으로 자살을 했다. 자기가 응원하는 팀이 지고 있었기 때문이다. 그런데 그가 죽고 난 후 그 팀이 연속 두 골을 넣어 이기게 되었다. 조금만 더 기다렸다면 그날 저녁 신나는 맥주 파티를 즐겼을 텐데.

인생이 자기 뜻대로 되지 않을 때 극단적인 선택을 하는 사람들이 있다. 인생 전체로 보면 고작 몇 분의 일에 해당하는 잠깐의 시간을 못 참고 말이다.

주위에 취준생(취업 준비생)이 많다. 요즘은 젊은이들에게 언제 졸업했는지 물어보는 게 실례라고 한다. 꽤 수재라고 알려졌던 친구 아들이 명문 대학에 입학해서 축하해 준 것이 엊그제 같다. 그러나 몇 년째 취업을 하지 못 해서 기약 없는 공무원 시험에 매달리는 사례가 많다. 혹시 그에게는 공무원 말고 다른 꿈이 있지는 않았을까?

꿈을 이루는 과정이 너무 길고 두려워서 가장 안전한 줄에 서 있는 것은 아닐까? 어차피 다 같은 시간의 무게를 견뎌야 한다면 자기가 좋아하는 줄에 서는 것이 낫지 않을까?

로또를 사는 사람들의 심리를 들어 본 적이 있다. 그들은 오천 원으로 일주일분의 희망을 산다고 한다. 자신이 하고 싶은 일을 열심히 하는 것, 즉 자신의 꿈에 투자하는 것은 로또를 사는 것보다 훨씬 성공 확률이 높다.

어차피 무슨 일을 하든 똑같다. 시간의 무게를 감당해야 한다는 것. 그것은 자신이 원하는 세계에 닿기 위한 최소한의 노력일 것이다.

오늘 하루는 내게
선물이다

때론 건망증이 도움이 된다. 예를 들어 치료할 때의 고통을 잊어버리고, 다시 치과에 가는 경우다. 젊은 시절에는 치료 순서별로 통증이 기억났다. 그러니 치과에 다시는 가고 싶지 않아 치료할 시기를 놓치기 일쑤였다. 나이가 들면서 통증에 대한 기억력이 약해져서인지 모든 통증에 대해서 관대해진다. 기억력이 나빠져서 좋은 예다.

다람쥐는 기억력이 나쁘다고 한다. 겨울잠을 자는 동안 자기가 저장해 놓은 도토리의 위치를 잊어버린다. 그중 겨우 10%만 기억해서 꺼내먹는다. 덕분에 다람쥐에게 먹히지 않은 도토리가 자라서 참나무 새싹을 틔운다.

자신이 한 일을 꼬장꼬장하게 기억했다가 남에게 따지는 사람이 있다. 이럴 땐 좋은 기억력은 축복이 아니다. 자신이 노력한 만큼 성공하지 못하는 것이 스트레스로 다가오기도 한다.

기억력이 좋지 않아서 이익을 보는 사람도 있다. 한 사업가는 금전적으로 큰 위기에 몰렸다. 그런데 우연히 장롱을 뒤지다가 20년 전에 사놓은 채권이 발견되었다. 그 당시에는 헐값으로 샀지만 혹시나 하는 마음에 알아보니 수십 배가 올랐다. 다행히 이 채권을 팔아서 사업의 위기를 넘기게 되었다.

자신은 죽어라하고 노력하는데 결과가 없어서 절망하는 사람들이 있다. 어쩌면 인생 대부분의 갈등이 여기에서 시작되는지 모르겠다. 다소 둔하고 기억력이 나쁠 필요가 있다. 그러면 '내가 언제 이렇게 노력을 했지?', '언젠가는 되겠지 뭐', '이번 말고 다음번에는 되려나 보다' 하면서 덤덤할 수 있다.

지나치게 기억력이 좋고 예민한 경우에는 눈앞의 이익이나 결과에 일희일비한다. 마치 주식을 사놓고 하루 만에 올랐다 안 올랐다 하면서 호들갑을 떠는 것처럼.

머리가 나쁜 다람쥐처럼 살면 어떨까? 열심히 살다보면 어쩔 수 없이 내 삶의 흔적인 도토리가 여기저기 묻힌다. 그리고 이내 무심해져보는 것이다. 그러면 어느 순간 나도 모르게 참나무가 자라는 일이 일어나지 않을까?

후배에게 생일 선물로 지갑을 준 적이 있다. 고심을 해서 고른 건데 마음에 들지 않았나 보다. 들고 다니는 것을 한 번도 못 보았다. 그래서 "너 그 선물 맘에 안 드니? 왜 안 가지고 다녀?"라고 물었다. 후배는 멋쩍었는지 사실 자기 엄마에게 드렸다고 한다.

나는 내심 '너무 나이가 들어 보이는 디자인이라서 그랬나?' 싶은 마음에 약간 속상했는데, 그 후배가 일침을 날렸다.

"언니는 선물을 줬으면 끝난 거지, 뭘 그렇게 꼬치꼬치 물어봐? 선물은 원래 주고 나서 그냥 잊어버리는 거야."

듣고 보니 그렇다. 선물을 주고 나서 그 선물을 좋아하는지, 잘 쓰는지 내가 일일이 확인하면 받은 사람이 불편할 수 있다. 그 선물이 맘에 들었지만, 다른 사람에게 줄 수도 있는데 일일이 따지다 보면 선물을 한 사람에게 갖고 있던 고마움이 퇴색될 수 있다.

마치 선물을 준 셈치고 하루하루를 산다면 어떻게 될까? 사실 오늘 하루가 나에게 주어진 것도 선물일 수 있다. 아침에 온전히 눈을 뜰 수 있는 것이 누군가에게는 무척 부러운 일이다. 그러니 나도 오늘 하루를 선물을 주듯이 마무리하는 것이다. 내가 뭘 노력했는지 뭐가 안 되는지 생각하지 않는 것이다. 그냥 하루를 내 손에서 떠나보내 버리자.

누가 알겠는가? 내가 까마득히 잊고 있을 무렵, 커다란 선물이 되어 돌아올지. 그리고 의외의 선물이 더 반가운 게 아닐까?

지금 서 있는 곳이 어쩌면
이미 꽃밭일지도

지인은 회사 다니는 일이 재미없게 느껴졌다. 그래서 하루는 자신의 사무실 앞에 화단을 만들었다. 그곳에 꽃을 심은 후 매일 물을 주고 거름을 주자 아름다운 화단이 되었다. 그렇게 화단 가꾸기에 재미를 붙인 후에는 일요일에도 회사에 나가서 꽃을 가꾸었다. 지겨워서 그만두고 싶었던 회사를 일요일에도 나오게 될 줄이야.

사실 직장 다니는 것을 즐거워할 사람은 별로 없을 듯하다. 솔직한 말을 해야겠다. 나는 교사가 되길 원한 적이 없다. 어쩌다 보니 교대에 갔고 교사가 되었다. 하지만 원한 일이 아니었으니 일찍 그만두었다. 그 뒤로 건축 설계, 해외사업 등 거친 일들을 두루두루 경험하게 되었다. 게다가 해외에서는 미국발 금융위기로 큰 어려움을 겪었다. 그 모진 일들을 겪고 난 후 한국으로 돌아와 다시 교사를 하게 되었다.

다시 돌아온 교단이 주는 느낌은 전과 달랐다. 전에는 젊은 패기가 가득해서 새로운 세상에 대한 열망이 컸다. 또한 그 당시 교사라는 직업의 장점을 알아보는 눈이 없었다. 지금은 그 맛을 새롭게 알아가고 있다. 작은 것들이 가진 반짝임, 그 소중한 속삭임을.

지난주에는 도움반 학생 한 명이 나에게 편지 한 장을 건넸다. 언어장애가 있어 발음을 제대로 하지 못하기에 뭐라고 말하는지 알 수는 없었다. 그저 눈빛으로 봐서 감사의 뜻인 줄 알 뿐이었다.

그 학생이 건넨 편지에는 빨간색 하트만 잔뜩 그려져 있었다. 글을 못 쓰는 학생이 보낼 수 있는 최대한의 러브레터인 셈이다. 미사여구가 아무리 많은들 이토록 감동적일 수 있을까? 평소 수업에 제대로 참여하지 못하고 이리저리 돌아다니던 그 여학생이 속으로는 내게 고마움을 느낀 것이다.

이런 뭉클함을 어디에서 느낄 수 있단 말인가? 내가 전에 이곳을 황무지라고 여긴 것은 어쩌면 내 마음이 너무 황폐했기 때문이 아니었을까? 즉 황무지는 내 안에 있었다.

물론 그전부터 좋은 교사가 되려고 노력하기는 했다. 나는 그 기간에 꽃씨를 뿌린 셈이다. 매일매일 1교시부터 오후까지 이어지는, 반복적인 학교생활은 변화를 좋아하는 내게 지루함을 안겨주었다. 그러나 지금은 내가 꽃밭에 서 있는 줄을 알게 되었다. 학생들의 초롱초롱한 눈망울과 그들의 꿈으로 이루어진 꽃밭이다.

매사에 어두운 얼굴을 하고 있던 지인이 있었다. 이야기를 나눠보면 매번 남편 흉을 보거나 시어머니 흉을 보았다. 내가 보기에는 시어머니도 괜찮은 분이고 남편도 자상한데 말이다. 남의 가정사는 함부로 판단할 수 없는 부분이긴 하다. 하지만 매사에 비판하는 자세로 살면 모든 것이 부정적으로 보인다.

지금 서 있는 곳이 꽃밭이 아니라면 꽃씨를 뿌리면 된다. 얼마 후면 예쁜 꽃들로 둘러싸이게 될 것이다. 아니, 이미 꽃밭인지도 모르겠다. 아마도 그럴 것이다.

상처받을 때 받더라도
일단 사랑하자!

성격이 유난히 깔끔한 친구가 있었다. 그 친구네 집에 놀러갔는데 가전제품 몸체가 뿌옇게 바래 보여서 물어보았다.

"이거 새로 나온 모델 아니야? 왜 이렇게 바랜 것처럼 보이지?"

친구의 대답은 이랬다.

"응, 그거 필름을 안 벗겨서 그래. 처음 살 때는 비닐 코팅이 되어 있잖아."

내가 그 코팅을 왜 안 벗기느냐고 했더니 더러워지는 게 싫어서란 다. 그 친구는 그 전자제품이 고장 나서 버릴 때까지 한 번도 못 보게 될 것이다. 그 까만색의 진짜 반짝임을.

그 친구는 전자제품만 그렇게 대하는 건 아니다. 사람을 사귈 때도 자신의 속마음을 잘 드러내지 않는다. 자신의 속마음을 털어놓아서 상 처를 입은 경험이 있다고 하였다. 자신의 인생 전체에 비닐 코팅을 한

채 살아가는 셈이다.

반면에 휴대폰 액정 필름마저 벗기고 쓰는 사람이 있다. 스크래치가 나게 왜 벗기느냐고 물어보면 납득이 간다. 자신은 휴대폰 약정 기간을 다 채우지 못하고 1년 정도면 다른 모델로 바꾼단다. 당연히 필름을 안 씌운 것이 투명하고 좋단다. 또 스크래치가 좀 나면 어떠냐고 되묻는다. 스크래치는 필름 위에 더 자주 생긴단다. 필름지가 액정 유리보다 더 약하기 때문이다. 듣고 보니 그렇다.

우리가 상처를 대하는 자세도 이와 같아야 하지 않을까? 시간이 지나면 어차피 아물 상처인데 말이다. 어쨌든 상처를 딛고 우리는 더 성장해야 한다.

요즘 젊은이들을 N포 세대라고 한다. 그중에서 가장 가슴 아픈 것이 연애 포기, 인간관계 포기다. 혼밥족이 늘고 있는 것이 그 결과이다. 연애를 포기하는 까닭에는 결혼으로 이어지지 못할 것이라는 아픔이 담겨 있다. 인간관계 포기도 그렇다. 남에게 상처를 받기 싫어서 아예 인간관계를 맺지 않는다.

지금껏 살면서 많은 사람을 만나왔지만 기억에 남는 좋은 사람은 몇 안 된다. 내가 만나 본 좋은 사람들에게는 공통점이 하나 있었다. 일생동안 많은 상처를 입었고, 억울한 일도 많이 당했지만 이를 극복하면서 마음이 넉넉해진 경우였다.

〈인생은 아름다워〉라는 영화가 있다. 행복하게 잘 지내던 한 유태인 가족은 나치에 의해 강제 수용소에 끌려가게 된다. 이쯤 되면 세상에서 가장 억울한 일을 당했다고 말할 수 있다. 그러나 주인공은 억울해하지 않는다. 슬퍼하지도 않는다. 그럴 겨를이 없다. 사랑하는 가족이 있고 그들을 사랑할 시간을 빼앗기는 게 아까울 뿐이다.

영화에서 죽으러 가는 순간까지 코믹하게 팔을 휘저으면서 아들에게 밝은 모습을 보이며 걷던 아빠가 기억에 남는다. 그의 인생은 거기서 끝난 게 아니다. 때로는 다른 이의 가슴속에서 살아가는 인생이 있는 법이다. 아무리 힘들어도, 그렇게라도 희망을 놓지 않고 살아가는 이들에게 어쨌든 인생은 아름답다.

그 영화에서 아들의 표정이 떠오른다. 총살을 눈앞에 두었으면서도 웃음기 있는 아빠의 얼굴을 본 아들은 안심을 한다. 해맑은 미소까지 짓는다. 나중에 아빠가 죽었다는 사실을 알게 된 아들은 어떻게 될까? 아빠가 자길 속였다고 허탈해할까?

아들은 수용소에서 살아 나간 후 행복하게 살았을 것이다. 아빠가 남기고 간 인생의 아름다움을 알 테니. 그 영화에서 감독은 억울하고 슬프지만 그래도 인생은 아름답다고 말한다. 잠시라도 사랑하는 가족과 함께 했다는 것, 그리고 자신의 행복한 모습을 추억으로 남기고 갈 수 있어서.

사랑하는 가족과 헤어지더라도 마지막 순간까지 최선을 다해 사랑하는 것. 그 모습에 누구나 감동을 받는다. 설사 나중에 상처를 받더라도 지금 사랑할 수 있다면 사랑하라! 그런 사람이야말로 '인생은 아름다워'라고 감히 말할 수 있는 사람이 아닐까?

별사탕 같은
사람

요즘은 맛있는 간식이 많아 인기가 없어졌지만 예전에는 건빵이 인기가 있었다. 특히 건빵 사이에 들어있는 별사탕을 찾아내는 재미가 쏠쏠했다. 건빵을 먹을 때마다 자기 건빵에 몇 개의 별사탕이 들어 있는지 세어보곤 했다.

특별한 맛이 있어서가 아니다. 설탕 가루가 거칠게 버석거리는 별사탕은 사탕 자체로는 인기가 없었다. 그러나 다른 것들과 어우러질 때 진가가 드러났다. 사탕을 물고 있으면 침이 고여서 건빵이 목으로 잘 넘어가게 하는 역할을 했기 때문이다.

얼마 전 모임에 나갔는데 내가 좋아하는 지인이 안 보였다. 그동안 바빠서 못 나가다가 오랜만에 나간 모임이지만 일찍 들어오고 말았다. 평소에는 잘 몰랐는데 그 지인이 빠지니까 존재감이 드러났던 것이다.

그 지인은 건빵 속의 별사탕 같은 존재다. 실제로 눈망울이 초롱초롱한 것이 마치 별처럼 빛이 난다. 얼굴에는 잔잔한 웃음기가 가득하고 형편이 잘 풀리지 않을 때도 신세한탄을 하지 않는다. 언제나 자신의 운명을 따라 물 흐르듯 흘러간다. 그런 사람이 한두 명 있으면 어떤 모임이든 활기찬 분위기가 된다.

〈바람과 함께 사라지다〉라는 영화의 주인공은 스칼렛 오하라다. 그런데 그 주인공의 인생은 그다지 행복하지 않았다. 반면 조연인 멜라니의 생은 잔잔한 파도처럼 물 흐르듯이 평온해 보였다.

기억에 남는 장면이 있다. 주인공이 평생 짝사랑하던 남자인 애슐리가 자신의 부인 멜라니가 죽어가자 무척 슬퍼한다. 그때 주인공이 깨닫는다. '애슐리는 진정으로 멜라니를 사랑했구나'라고 말이다. 그리고 멜라니를 진심으로 부러워한다.

멜라니는 별사탕 같은 존재였다. 그녀의 존재로 인해 주변 사람들이 행복하고 편안했던 것이다. 반면 스칼렛은 늘 많은 사람에게서 사랑을 받았지만 모든 사랑이 실패로 끝이 났다. 사랑을 받는 것에만 익숙했던 스칼렛은 남을 사랑하는 것에 서툴렀다.

그러나 멜라니는 늘 남에게 사랑을 베풀었으니 진정한 사랑의 결실을 맺을 수 있었다. 사랑은 받는 것보다 주는 것이 더 행복하다는 말은 그 사랑의 결과가 좋다는 말로도 해석된다. 내가 먼저 사랑을 베풀면 언젠가 그 사랑이 나에게 돌아온다.

사랑을 많이 받는다고 좋아할 것이 아니라 내가 누군가를 사랑하는 게 더 중요하다. 내가 누구를 사랑한다는 것을 느끼고 그에 만족한다면 이미 행복한 사람이 된다. 이렇듯 내적으로 충만한 마음은 그 평온함으로 인해 얼굴이 편안해 보인다.

나이가 들수록 인생을 아름답게 사는 사람들에게 관심이 간다. 그들에겐 공통점이 하나 있다. 바로 남을 위한 봉사에 적극적이라는 것이다. 내 주위에는 보육원 아이들을 입양해서 키우는 사람, 어르신들을 위한 무료급식 봉사에 나서는 사람들이 있다. 그들의 얼굴은 하나같이 긍정적이고 온화하다.

반대로 자신밖에 모르는 삶을 살아온 사람의 얼굴은 팍팍한 느낌이 든다. 나이가 들어서도 자신만을 가꾸는 사람들은 자신의 늙음을 인정하려고 하지 않는다. 그 결과 보톡스 시술이나 성형수술을 해서 나이가 들어도 팽팽한 얼굴을 하고 있다. 부자연스러움 때문에 늘 웃는 건지 우는 건지 모르는 표정을 하고 있다.

주름이 있더라도 아름다운 삶을 산 사람의 얼굴은 진정한 의미로 아름답다. 그들은 마치 별사탕이 건조하고 퍽퍽한 건빵의 목 넘김을 좋게 하는 것 같은 부드러움을 지녔다. 이처럼 팍팍한 현실을 잘 넘길 수 있게 해 주는 사람이 많아졌으면 좋겠다.

누구나 인생의 성적표를 받는 순간이 온다. 바로 얼굴을 통해서다.

할머니, 할아버지가 되었을 때 참 좋은 인상이라는 소릴 듣는다면 높은 성적표를 받는 셈이다. 이는 돈으로도 살 수 없는 귀중한 선물이다. 그 동안의 일생이 비록 높은 하늘의 별처럼 빛나지 않았더라도 말이다.

상하이에서 사업을 할 때 자전거를 처음 배웠다. 중국 사람들은 가까운 거리를 자전거로 이동하는 경우가 많았다. 그래서인지 다들 어릴 때부터 자전거를 탈 줄 알았다. 하지만 어릴 때 자전거를 배워 본 적이 없고 운동신경이 워낙 없는 나는 자전거를 배우는데 한참 걸렸다. 남편이 부인에게 운전을 가르쳐 주다가 싸우는 부부가 많다더니 자전거도 마찬가지였다. 우리 부부 역시 남편이 나에게 자전거를 가르쳐 주면서 부부싸움을 하게 되었다.

결국 한족 직원과 조선족 직원들이 번갈아가면서 가르쳐 주기로 했다. 나는 가르치는 대로 따라하지 못하고 겁도 많아서 진도가 나가지 않는 학생이었다. 그러나 다들 참을성이 많아서 나를 붙잡고 무던히도 애를 썼다.

그중에서도 가장 잘 가르쳐 준 건 한족 남자 직원이었다. 그 직원은 나에게 엄격한 교사처럼 굴었다. 다들 친절하게 대해 주니 내가 어린애처럼 엄살을 부렸는데 이 직원은 나를 막 나무라는 것이었다. 무서운 표정을 지으면서 제법 혼을 내기도 했다. '발을 페달에서 자꾸 놓아버리면 어떡하느냐? 왜 정지할 때 핸들을 사용하지 않느냐? 핸들을 왜 자꾸 꺾느냐?' 하면서. 다른 직원이 가르쳐 준다고 해도 자기가 나서서 나를 가르쳐 주었다. 그러자 어느 순간 실력이 늘었나 보다.

그가 자전거를 뒤에서 붙잡아 주어야 겨우 앞으로 조금씩 나가곤 했는데, 어느 순간부터 제법 속력이 붙었다. 한참 신나게 달리다가 우연히 뒤를 바라보았는데, 그가 저 멀리서 활짝 웃으면서 손을 흔들고 있는 게 아닌가? 붙잡아 주지 않아도 나 혼자서 달렸다니.

그렇다. 어느새 나는 자전거를 탈 수 있게 되었다. 내가 자전거를 탈 수 있을 때까지는 그 직원의 꼼꼼한 지도와 과학적인 설명이 있었고 엄격한 훈련을 거듭했다. 그러자 어느 순간 자전거가 내 몸 안으로 들어왔다.

그 후로는 따로 배우지 않아도 자전거를 혼자 탈 수가 있었다. 몸으로 익힌 것은 완전히 내 것이 되는가 보다. 수영이나 자전거 같은 기술은 한번 배워 놓으면 일생 동안 활용이 가능하다.

인생에 있어서 좋은 기술들도 이렇게 몸에 배게 하면 어떨까? 가령 미소 짓는 표정 같은 것 말이다.

평생 제대로 된 미소 한 번 짓지 못하고 세상을 떠나는 사람들이 있다. 췌장암으로 젊은 나이에 세상을 떠난 내 동생도 그랬다. 동생은 늘 스트레스 속에 살았다. 내 기억 속에는 동생의 환한 웃음이 특별히 남아있지 않다. 평소에 인상 쓰는 습관이 암과 관련이 있지 않았나 생각도 해 본다.

내 마음대로 되는 게 별로 없는 인생이다. 그중 적어도 얼굴만은 나만의 영역이다. 그 누구도 함부로 침범하거나 명령을 내릴 수가 없다. 내 얼굴이 맘에 안 든다고 성형을 강요할 수도 없다.

그렇게 자유가 허락된 내 얼굴이지만 나 자신이 그 자유를 방치하곤 한다. 즉 내 얼굴을 가장 좋은 것으로 채우지 못한다. 잔디밭도 그냥 방치하면 잡초가 우거지듯이 우리 얼굴도 그렇다. 의식하지 않으면 그저 그런 나쁜 인상의 주인공이 되기 십상이다.

내 마음을 공부하고 미소 짓는 습관을 들이는 것. 이는 처음엔 어색하고 귀찮지만 한번 몸에 배고 나면 평생토록 써먹을 수가 있다. 마치 자전거 기술을 익히듯 말이다.

그러면 나는 물론이고 누구나 내 얼굴을 보고 행복해 할 것이다. 그 행복은 얼굴로 드러나기 마련이다. 첫인상이 좋은 사람은 대체로 자신을 사랑하는 사람이다. 꼭 무언가가 되지 않아도 괜찮다. 나만의 매력적인 인생을 만들고 행복을 가꿀 수만 있다면. 길거리에서 눈이 마주치는 사람을 보고 방긋 미소 짓는 여유를 가지게 된다. 그렇게 되면 우리나라가 더욱 아름다워지지 않을까? 돈이 많지 않아도, 화려한 스펙이 없어도 누구나 존중받고 누구나 행복한 나라. '스마일, 코리아!'를 조용히 외쳐본다.

이 책을 만드는데 도움 주신 분들

강말임	문혜영	임종오
강매자	박남숙	장경원
강봉진	박연순	장성규
강소인	박은성	장성미
강지선	박종수	장웅석
곽숙정	박준영	장원석
곽영선	박진석	전여진
권영은	배상기	정순호
권오준	서동청	정진우
김경희	선현숙	정혜지
김명술	성민주	정효정
김상각	성승연	지승재
김선엽	성영희	최선희
김수진	성응제	최지수
김용태	손은아	최지은
김유진	손채연	최창호
김은희	신우석	최헌
김재원	어성호	최희선
김종파	유상성	추현혜
김진숙	윤희진	허아름
김진열	이상영	허완재
김춘화	이승재	허정윤
김현국	이유정	허종례
김현우	이지산	허현숙
김희자	이지은	홍성민
김희진	이진건	홍진표
류주연	이창미	황병일
류한윤	이채명	황진익
문예원	이현정	
문정원	임계숙	

• 북펀딩에 참여하신 분들의 목록입니다. 이 책이 나오는데 도움을 주신 분들께 감사의 말씀을 드립니다.